# 中交集团：愿景驱动型社会责任管理

《中交集团：愿景驱动型社会责任管理》编写组　编著

企业管理出版社

# 图书在版编目（CIP）数据

中交集团：愿景驱动型社会责任管理/《中交集团：愿景驱动型社会责任管理》编写组编著． -- 北京：企业管理出版社，2023.1
ISBN 978 - 7 - 5164 - 2657 - 9

Ⅰ．①中… Ⅱ．①中… Ⅲ．①交通工程 - 建筑企业 - 企业责任 - 社会责任 - 研究 - 中国 Ⅳ．①F426.9

中国版本图书馆 CIP 数据核字（2022）第 120088 号

| 书　　名： | 中交集团：愿景驱动型社会责任管理 |
|---|---|
| 书　　号： | ISBN 978 - 7 - 5164 - 2657 - 9 |
| 作　　者： | 《中交集团：愿景驱动型社会责任管理》编写组 |
| 责任编辑： | 徐金凤　田　天 |
| 出版发行： | 企业管理出版社 |
| 经　　销： | 新华书店 |
| 地　　址： | 北京市海淀区紫竹院南路 17 号　　邮　　编：100048 |
| 网　　址： | http：//www.emph.cn　　电子信箱：emph001@163.com |
| 电　　话： | 编辑部（010）68701638　　发行部（010）68701816 |
| 印　　刷： | 河北宝昌佳彩印刷有限公司 |
| 版　　次： | 2023 年 1 月第 1 版 |
| 印　　次： | 2023 年 1 月第 1 次印刷 |
| 开　　本： | 710mm×1000mm　1/16 |
| 印　　张： | 9.5 印张 |
| 字　　数： | 123 千字 |
| 定　　价： | 59.00 元 |

版权所有 翻印必究·印装有误 负责调换

# 总　序（一）

感谢读者朋友们对中央企业社会责任管理工作、对中央企业社会责任管理之道丛书的关注与支持！

企业在自身发展的同时，应该当好"企业公民"，饮水思源，回报社会，这是企业不可推卸的社会责任，也是构建和谐社会的重要内容。大量事实证明，只有富有爱心的财富才是真正有意义的财富，只有积极承担社会责任的企业才是最有竞争力和生命力的企业。重经济效益、轻社会效益的企业，只顾赚取利润、不顾安全生产的企业，终究难以持续。这一重要论述充分阐明了履行社会责任对企业可持续发展的重要意义。

国有企业是中国特色社会主义的重要物质基础和政治基础，是党执政兴国的重要支柱和依靠力量。中央企业大多处在关系国家安全和国民经济命脉的重要行业和关键领域，在我国经济社会发展中发挥着不可替代的重要作用，履行社会责任可谓中央企业的"天职"。经过多年改革发展，中央企业的规模不断扩大、活力不断增强、创造力不断提升，在履行社会责任方面更应走在前列、做出表率。

多年来，一大批中央企业大力开展社会责任工作，不仅做到了实践上有亮点、理论上有创新，同时，还实现了形象上有升级、管理上有提升，形成了丰富多彩、成效显著的企业社会责任管理推进路径和做法，

中交集团：愿景驱动型社会责任管理

具备总结形成管理模式的条件。中央企业通过践行社会责任，走上与社会共同可持续发展之路，为我国全面建成小康社会和联合国2030可持续发展目标做出积极贡献；也通过对企业社会责任管理的不断探索，在丰富全球企业管理理论方面做出了自己的独特贡献。

我们出版这套中央企业社会责任管理之道丛书，希望通过适时总结、分享中央企业的社会责任管理推进模式，起到以下几个方面的作用：一是通过系统总结分析，进一步推动中央企业提升社会责任管理工作；二是支持中央企业成为全球履行社会责任的典范，服务于建设"具有全球竞争力的世界一流企业"；三是为中央企业参与全球市场竞争奠定基础，成为高质量共建"一带一路"的表率；四是为其他企业开展社会责任管理工作提供有益借鉴，为全球可持续发展贡献来自中国企业的最佳实践经验。

2020年，丛书选取国家电网、中国建筑、华润集团等中央企业为代表，总结了这些企业各具特色的社会责任推进模式，出版了《国家电网：双向驱动、示范引领型社会责任管理》《中国建筑：品牌引领型社会责任管理》《华润集团：使命驱动型社会责任管理》。

2021年，丛书选取中国核电、国家能源集团、中国三峡集团为代表，出版了《中国核电：公众沟通驱动型社会责任管理》《国家能源集团：可持续驱动型社会责任管理》《中国三峡集团：初心引领型社会责任管理》。

2022年，丛书选取中国石油、国投集团、中交集团、中国广核集团为代表，出版了《中国石油：价值引领型社会责任管理》《国投集团：责任投资驱动型社会责任管理》《中交集团：愿景驱动型社会责任管理》《中国广核集团：使命引领、透明驱动型社会责任管理》。

我们期待丛书的发布能够搭建中央企业社会责任管理交流的新平台，推动中央企业社会责任管理迈上新台阶，助力中央企业立足新发

总序（一）

展阶段、贯彻新发展理念、构建新发展格局，通过全面、系统、科学履行社会责任，加快实现高质量发展！

中央企业社会责任管理之道丛书编委会

2022 年 9 月

# 总 序（二）

企业社会责任已成为新一轮经济全球化的重要特征。自20世纪初以来，全球企业社会责任的发展经历了20世纪70年代之前企业社会责任概念产生阶段，20世纪70年代后至20世纪末的企业社会责任欧美共识阶段，21世纪初至今，企业社会责任进入全球共识阶段。

2000年以来，企业社会责任在中国发展迅速。中国企业社会责任的发展由概念辩论走向基本共识，进而发展到企业社会责任管理阶段，与全球企业社会责任管理实现了快速同步。

2000—2005年是现代企业社会责任概念的辩论阶段，社会各界对企业履行社会责任问题还处在概念辩论的时期。2006—2011年是中国企业社会责任基本共识阶段。在这个阶段，中国全过程参与社会责任国际标准ISO 26000的制定，并最终对ISO 26000投了赞成票。这个赞成票是在参与制定ISO 26000的六个利益相关方群体意见基础上最终决定的，也是中国企业社会责任发展的利益相关方第一次全面达成共识。2012年以来，中国企业社会责任管理实践蓬勃发展。

2006年和2012年是中国企业社会责任发展的两个重要里程碑。2006年可称为中国企业社会责任元年，其重要标志是新修订的《中华人民共和国公司法》明确提出公司要承担社会责任。国家电网公司首份社会责任报告得到了中央领导的批示和肯定。2012年可称为中国企业社

中交集团：愿景驱动型社会责任管理

会责任管理元年，其重要标志是国务院国有资产监督管理委员会（以下简称国务院国资委）将社会责任管理列为中央企业管理水平提升的13项重点措施之一，企业社会责任管理成为提升中央企业管理水平的重要内容。自此，中国企业社会责任进入社会责任管理发展的新阶段，众多中央企业开始了丰富多彩的企业社会责任管理探索和实践，打开了各类企业从履行社会责任到系统开展社会责任管理的新篇章。

# 企业社会责任管理

一般来说，企业社会责任管理是指企业有目标、有计划、有执行、有评估、有改进地系统性开展社会责任实践的活动；具体地说，是企业有效管理其决策和活动所带来的经济、环境和社会影响，提升责任竞争力，最大化地为利益相关方创造经济、环境和社会综合价值作贡献，推动社会可持续发展的过程。企业社会责任管理包括社会责任理念管理、生产运营过程的社会责任管理及职能部门的社会责任管理。企业社会责任作为一种发展中的新型管理思想和方法，正在重塑未来的企业管理，具体体现在重塑企业管理理念、管理目标、管理对象和管理方法等方面。

重塑企业管理理念。企业将由原来的股东（投资人）所有的公司转向由股东和其他企业利益相关方共同所有的公司；企业将由原来的盈利最大化或者股东利益最大化转向追求兼顾包括股东在内的利益和诉求的平衡，追求经济、环境和社会综合价值的最大化和最优化，实现企业可持续经营与社会可持续发展的多赢和共赢。

重塑企业管理目标。企业责任竞争力将会成为企业未来的核心竞争力。企业责任竞争力就是企业在运用自身专业优势解决社会和环境可持续发展所面临的挑战和问题的同时，还能取得良好的经济效益，其根本目标是服务企业、社会和环境的共同可持续发展,其本质是企业的决策和活动做到公平与效率的有机统一。

重塑企业管理对象。企业的管理对象由原来的集中于企业价值链对象的管理扩展到更广泛的利益相关方关系管理。特别重要的是将企业社会责任理念融入其中,从而形成企业各利益相关方的和谐发展关系,取得各利益相关方更大范围的认知、更深程度的认同和更有力度的支持。

重塑企业管理方法。在企业治理理念上,要创造更多的形式,让更多的利益相关方参与公司的重大决策,包括企业管理目标的制订。在生产运营各环节上,更加重视发挥更多利益相关方的作用,使他们能以各种方式参与到企业生产运营的各个环节中来,包括企业的研发、供应、生产、销售及售后服务等,使每个环节都最大限度地减少对社会、经济和环境的负面影响,最大限度地发挥正面效应。特别是通过不断加强与利益相关方的沟通及对其关系的管理,企业能够更加敏锐地发现市场需求,能够更加有效地开拓无人竞争的、全新的市场空间,把握商机。

## 中央企业社会责任管理推进成就

中央企业是我国国民经济的重要支柱,是国有经济发挥主导作用的骨干力量,履行社会责任是中央企业与生俱来的使命,全社会对中央企业履行社会责任有着更高的要求与期待。

国务院国资委高度重视中央企业社会责任工作,从政策指导、管理提升、加强沟通等方面全面推动中央企业履行社会责任。在国务院国资委的指导下,一批深耕企业社会责任管理的中央企业不仅做到了在理论上有创新,在实践上有亮点,而且实现了管理上有升级、竞争力上有提升,推动企业社会责任管理发展进入新的境界。观察和研究发现,中国的一批一流企业通过探索社会责任管理推进企业可持续发展的新路径,

中交集团：愿景驱动型社会责任管理

形成了丰富多彩、成效显著的企业社会责任管理推进模式。

2022年，位列《财富》世界500强第三位的国家电网有限公司，经过十余年的持续探索，走出了一条双向驱动、示范引领的全面社会责任管理推进之道，全面社会责任管理的综合价值创造效应正在公司各个层面逐步显现。全球最大的投资建设企业——中国建筑集团有限公司走出了一条品牌引领型的社会责任管理推进之道，从开展社会责任品牌及理念管理出发，以社会责任理念重新定义企业使命，细化社会责任管理指标，通过将职能部门管理落实到企业生产运营过程中，形成了社会责任管理的完整循环。作为与大众生活息息相关的多元化企业，华润集团走出了一条以使命为驱动的履责之路，将使命作为社会责任工作的试金石，塑造责任文化，开展责任管理，推动责任践行，实现承担历史使命、履行社会责任和推动企业可持续发展的有机统一。

中国核电以响应时代变革与利益相关方多元化诉求为驱动，形成了公众沟通驱动型社会责任管理。通过公众沟通找准公司社会责任管理的出发点和着力点，在推进社会责任管理提升的同时，对内培育富有激励、富有特色、积极向上的企业文化，对外提升中国核电的品牌影响力、感召力和美誉度，形成了"责任、品牌、文化"三位一体推进社会责任的管理之道。国家能源集团在原国电集团以"责任文化推动"、大规模发展新能源为主题和原神华集团"战略化组织化推动"、以化石能源清洁化和规模化发展为主题的履责特征的基础上，探索形成了可持续驱动的社会责任管理推进模式。其具体方式是以可持续方式保障可持续能源供应为目标，以"高层表率、再组织化、责任文化推动"为特征，以"化石能源清洁化，清洁能源规模化"为核心履责主题。中国三峡集团秉承建设三峡工程、护佑长江安澜的初衷，在实践发展中凝聚成"为国担当、为民造福"的责任初心，并以此为引领形成了初心引领型社会责任管理推进模式。其具体内涵是以责任初心为根本遵循，形成了由"战略定力""多方参与""机制保障""透明沟通"构建的四位一体推进路径,致力于创造利益相关方综合价值最大化。

中国石油在"绿色发展、奉献能源,为客户成长增动力,为人民幸福赋新能"的价值追求引领下,在长期的社会责任管理实践过程中,形成了独具特色的价值引领型社会责任管理模式。公司识别出与自身发展紧密相关、利益相关方重点关注的八大责任领域,通过"理念引领、责任驱动、管理融入、影响评估"的系统管理流程,推动社会责任理念和要求融入战略、管理和生产经营,指引全体员工在工作岗位中自觉践行社会责任要求,实现了从理念、管理、行动到绩效的良性社会责任工作循环,持续创造了更高的经济、环境和社会综合价值。

国家开发投资集团(简称国投集团)坚持以"投资创造更美好的未来"为使命,以"成为世界一流资本投资公司"为愿景,致力于成为"产业投资的引领者、美好生活的创造者、持续回报的投资者",坚守"战略投资、价值投资、责任投资"理念,将ESG(环境、社会和企业治理)理念全面融入投前决策、投中监控、投后管理的投资管理全流程中,以责任投资实现价值增长,形成了责任投资驱动型社会责任管理模式,拥抱可持续发展。

中交集团始终怀揣"让世界更畅通、让城市更宜居、让生活更美好"(以下简称"三让")的企业愿景,将社会责任全面融入战略、管理和运营,逐渐形成了具有鲜明特色的愿景驱动型社会责任管理模式。其内涵在于以"三让"愿景为核心驱动力,在全集团范围内凝聚合力,形成由"精准引领""系统管理""全面实践""立体传播"构成的社会责任管理推进路径,推动中交集团持续创造经济、社会和环境综合价值。

中国广核集团(以下简称中广核)始终坚持完整、准确、全面贯彻新发展理念,坚守"发展清洁能源,造福人类社会"的企业使命,

中交集团：愿景驱动型社会责任管理

深入开展责任沟通，深耕核安全、经济、社区、环境四大责任领域，形成具有中广核特色的使命引领、透明驱动型社会责任管理模式，也称为NICER社会责任管理模式。由内向外的使命引领和由外向内的透明驱动机制，促使中广核善用自然的能量的社会责任实践更实、更精、更深，助其成为世界一流企业履行社会责任的典范，也为全球可持续发展贡献中广核力量。

我们欣喜地看到这些中国一流企业正在通过社会责任管理书写企业管理创新的历史，中国企业社会责任管理正在中央企业的带动下，登上世界企业管理的舞台。

## 中国企业管理发展的历史机遇

企业社会责任是经济社会发展到一定历史阶段的产物，是经济全球化和人类可持续发展对企业提出的更多、更高和更新的要求，也是人类对企业的新期待。社会责任管理是全球先锋企业在这一领域的新探索和新进展。社会责任管理对全球企业来讲都是一个新课题。如果说改革开放以来，中国企业一直处于向西方企业不断学习企业经营管理理念和经验的阶段，那么，社会责任的发展为中国企业提供了在同一起跑线上发展新型经营管理之道的难得机会。中国企业如果能创新运用社会责任管理理念和方法，率先重塑企业管理，将有望在全球市场竞争中赢得责任竞争优势，在为全球企业管理贡献中国企业管理经验的同时，引领新一轮更加负责任的、更加可持续的经济全球化。

本套丛书将首先面向中国社会责任先锋企业群体——中央企业，系统总结中央企业将社会责任理念和方法系统导入企业生产运营全过程的典型经验。其次，持续跟踪研究中国各类企业的社会责任管理实践，适时推介企业社会责任管理在中国各类企业的新实践、新模式和新经验。

## 总　序（二）

最后，借助新媒体和更有效的传播方式，使这些具有典型意义的企业社会责任管理思想和经验总结走出企业、走向行业、走向上下游、走向海内外，成为全球企业管理和可持续发展的中国方案样本。

本套丛书着眼于国内外、企业内外传播社会责任管理方面的做法和实践，主要有以下几个目标：面向世界传播，为世界可持续发展贡献中国企业智慧；面向中国传播，为中国企业推进社会责任管理提供样本；面向企业传播，为样本企业升级社会责任管理总结经验。

中国企业以什么样的精神状态拥抱新时代？坚定地推进企业社会责任管理，依然是一流中国企业彰显时代担当的最有力的回答。企业社会责任只有进行时，没有完成时，一流的中国企业要有担当时代责任的勇气、创新进取的决心，勇做时代的弄潮儿，不断在企业社会责任和可持续发展道路上取得新突破。这是世界可持续发展的趋势所向，也是中国企业走向世界、实现可持续发展的必由之路。

只有积极承担社会责任的企业才是最有竞争力和生命力的企业。创新社会责任管理将是企业积极承担社会责任的有效路径，是实现责任竞争力和长久生命力的新法门，希望这套中央企业社会责任管理之道丛书能为企业发展贡献绵薄之力。

企业社会责任管理无论是在理论上还是在实践上，都是一个新生事物，本丛书的编写无论是理论水平还是实践把握，无疑都存在一定的局限性，不足之处在所难免，希望读者不吝提出改进意见。

丛书总编辑
2022 年 9 月

# 序

交通是经济的脉络和文明的纽带。纵观世界历史，从古丝绸之路的驼铃帆影，到航海时代的劈波斩浪，再到现代交通网络的四通八达，交通推动经济融通、人文交流，使世界成了紧密相连的"地球村"。固基修道、履方致远。中国交通建设集团有限公司（以下简称中交集团）始终铭记中国共产党带领中国人民逢山开路、遇水架桥的奋斗精神，多年来建设了一大批代表世界和时代最高水平的交通基础设施，助力中国建成了全球最大的高速铁路网、高速公路网和世界级港口群，并致力于加快建设交通强国，努力让交通继续担任中国迈向高质量可持续发展的开路先锋。

经过百余年的发展壮大，中交集团已成长为全球领先的特大型基础设施综合服务商，业务涵盖交通基础设施投资建设运营、装备制造、房地产及城市综合开发等领域，是世界最大的港口设计建设公司、世界最大的公路与桥梁设计建设公司、世界最大的疏浚公司、世界最大的高速公路设计建设运营商、世界最大的集装箱起重机制造公司、亚洲最大的国际工程承包公司，拥有强大的自主创新能力，创造了多项"世界第一"工程，建设或参与建设了港珠澳大桥、北京大兴国际机场、上海洋山港、京沪高铁、京新高速等一大批代表世界最高水平的交通基础设施项目，形成了全球领先的技术体系，在世界舞台上彰显了中国建造、

## 中交集团：愿景驱动型社会责任管理

中国制造、中国创造的强大竞争力。

中交集团秉承"固基修道、履方致远"的企业使命，坚守"交融天下、建者无疆"的企业精神，坚持"让世界更畅通、让城市更宜居、让生活更美好"的企业愿景（以下简称"三让"愿景），努力打造具有全球竞争力的科技型、管理型、质量型世界一流企业，全面成为"让出资人放心、客户满意、相关利益方信任、经营者安心、员工幸福、社会赞誉"的受人尊敬企业。

在积极承担历史使命、主动服务国家战略、持续履行社会责任的历程中，中交集团传承了中国交通基础设施建设行业蓬勃发展的开拓精神，在不断变革中将更广泛利益相关方的期望和更丰富的社会责任理念融入自身的宏大远景目标，以"三让"愿景体现自身积极履行社会责任的雄心壮志、彰显自身的社会责任观，成功地以"三让"愿景为核心驱动力，将社会责任全面融入发展战略，塑造责任文化，落实责任管理，推动责任实践，促进责任传播，实现了经济、社会和环境综合价值创造能力的不断提升，并以多年的社会责任管理和实践为基础，倾力打造"中交助梦"责任品牌，勇担国之重任，以"中交助梦"行动助力"三让"愿景实现。

交融天下、建者无疆。在建设成为具有全球竞争力的世界一流企业的新征程中，中交集团将在"三让"愿景的指引下，持续深化愿景驱动型社会责任管理，彰显"中交助梦"责任品牌价值，积极承担时代使命，主动服务国家战略，加速推动高质量可持续发展，为实现中华民族伟大复兴的中国梦及构建人类命运共同体源源不断地贡献力量。

# 目　录

**第一章　愿景驱动中交集团发展历程** …………………………… 1
 第一节　愿景 ……………………………………………………… 3
 第二节　企业愿景 ………………………………………………… 4
 第三节　中交集团愿景 …………………………………………… 6

**第二章　愿景驱动型社会责任管理模式** ………………………… 15
 第一节　模式构成 ………………………………………………… 17
 第二节　模式内涵 ………………………………………………… 21
 第三节　责任品牌 ………………………………………………… 28

**第三章　中交助梦、愿起初心** …………………………………… 33
 第一节　建设交通强国 …………………………………………… 35
 第二节　支撑区域发展 …………………………………………… 47
 第三节　描绘美丽中国 …………………………………………… 53
 第四节　助力乡村振兴 …………………………………………… 59

## 第四章　中交助梦、愿升使命 ……………………………… 71
### 第一节　打造科技型世界一流企业 …………………………… 73
### 第二节　打造管理型世界一流企业 …………………………… 78
### 第三节　打造质量型世界一流企业 …………………………… 88

## 第五章　中交助梦、愿通世界 ……………………………… 95
### 第一节　加强基础设施"硬联通" ……………………………… 97
### 第二节　推动属地管理"软联通" ……………………………… 103
### 第三节　促进文化交融"心联通" ……………………………… 108

## 第六章　中交助梦、愿向未来 ……………………………… 111
### 第一节　打造"三核五商"新中交 ……………………………… 113
### 第二节　贡献经济社会可持续发展 …………………………… 116

## 附录　中交集团社会责任大事记 …………………………… 121
## 参考文献 …………………………………………………………… 131

# 第一章
## 愿景驱动中交集团发展历程

# 第一章　愿景驱动中交集团发展历程

"志之所趋，无远弗届。"一个人如果怀揣坚定不移的志向，就算面临重重困境，也一定能够一一克服，最终实现远大目标；同样地，一个企业、一个国家乃至整个世界，如果拥有矢志不渝的愿景，即使不断遇到严峻挑战，也必然可以通过不懈努力，奔赴理想的未来。中交集团就是如此，在实现中华民族伟大复兴以及构建人类命运共同体的宏伟目标指引下，用心描绘共赢共享发展的美好愿景，将郑重的承诺转化为具体行动，携手全球伙伴开辟崭新的可持续发展之路。

## 第一节　愿景

"愿景"一词，按照《现代汉语词典》中的解释，是指个人或组织所向往的前景。所谓"愿"，就是愿望；"景"，就是景象。这种寄托着愿望的景象，是个人或组织发自内心追求的、愿意为之奋斗并期盼最终实现的未来图景。对个人来说，愿景根植于个人独立的价值观和理想，是个人在脑海中所单独持有和期望的图景；而对组织来说，愿景必须建立在组织成员一致的价值观和使命感基础上，是组织成员共同勾画出的未来蓝图。

美国管理学者彼得·圣吉在《第五项修炼：学习型组织的艺术与实践》一书中指出，有一种关于领导力的概念，数千年来一直给予组织以激励和启迪，促使组织不断分享全体成员所追求的未来图景，也就是共同愿景（Shared Vision）。组织一旦形成了全体成员深度分享的共同目标、价值观和使命感，建立起真心的共同愿景，便能够用共同的身份和归属感将全体成员凝聚在一起，令其发自内心地力行卓越、积极上进。

## 第二节　企业愿景

企业愿景（Company's Vision）概括了企业的目标、使命及核心价值观，[①] 是企业长久为之奋斗并希望最终实现的未来图景，是对"我们希望成为什么样的企业"的切实可行的想象和铿锵有力的回答。企业愿景像灯塔一样，始终为企业指明前进方向，指导着企业的经营策略、产品技术、薪酬体系甚至商品摆放等细节。富于远见的企业愿景，远远超越了那些时常变化且必须变化的企业经营策略和技巧，位于它们之上，是企业的灵魂。[②]

### 一、企业愿景承载着企业的精神文化

詹姆斯·柯林斯在《基业长青》一书中指出，一个好的企业愿景应该由核心理念（Core Ideology）与未来前景（Envisioned Future）两个部分组成，前者包括核心价值观（Core Value）与核心使命（Core Purpose），奠定了企业的基本价值观以及企业的存在原因，是企业长久不变的精神内核；后者是对企业宏伟、艰难且大胆的目标（Big, Hairy, Audacious Goals）的生动描述（Vivid Descriptions），能够激发企业的变革与进步。有独创性思维和洞察力的企业领导者往往将独特、持久且清晰的企业愿景渗透到企业战略、管理和生产运营的方方面面，使之成为企业所有经营活动的行动纲领，因为企业愿景既可以团结人、激励人，又是企业发展的方向舵，更能够将企业凝聚成一个共同体。

首先，企业愿景可以团结人。企业规模越大，员工越有可能拥有多

---

[①] 詹姆斯·柯林斯，杰里·波拉斯.基业长青［M］.真如，译.北京：中信出版社，2002.
[②] 加里·胡佛.愿景［M］.薛源，夏扬，译.北京：中信出版社，2003.

样化的背景。随着企业不断发展壮大，不同年龄、种族、宗教信仰和思维方式的员工将会越来越多。当这些身份、性格和文化背景迥异的员工加入同一个企业时，一个相同的价值观可以使他们团结一心，朝着共同的目标奋发向前。

其次，企业愿景可以激励人。随着物质和文化生活变得越来越富足，企业文化、工作氛围等工作报酬和待遇以外的因素越来越可能成为人们在职业选择中的决定性因素。尤其是对那些最优秀的人来说，企业的价值观和目标变得越来越重要，而这些人能为企业创造出最大价值，因为如果人们坚信自己的工作可以帮助他们实现一些自己愿意花费时间和精力但却难以达成的目标，那么他们就会工作得更加积极。从理想的角度来说，企业愿景应该是人们在准备加入这个企业之前就已经认同和向往的，这样的企业愿景是不断促进和激励员工的重要因素，尤其是当企业正努力实践以实现其目标时，没有什么比它更能吸引和留住人才。

再次，企业愿景是企业发展的方向舵。有无清晰、持久的企业愿景正是基业长青、能够经受住时间考验的企业和只能短暂存活的企业的不同之处。基业长青的企业了解自己，构建了清晰、持久的企业愿景并长期遵循其核心理念，向着其宏伟、艰难且大胆的目标不断前进，相比于那些没有这样一个方向舵的企业，这些企业存在的弊端要少得多。人们在这样的企业里，能够学会着眼于未来，不受制于眼前的困难，并且有着克服困难的愿望和信心。

最后，企业愿景能够将企业凝聚成一个共同体。一旦企业清晰地表达了自己的愿景并对其充满信心，那么对它来说，最重要的是要让每个利益相关方都能够了解这个愿景。一个清晰、宏大又切合实际的企业愿景可以激励企业的管理者、员工、客户、合作伙伴乃至与这个企业相关的每一个利益相关方，促使他们紧密地联合起来，一同成为企业的拥护者，推动企业实现可持续发展和基业长青。

## 二、企业愿景彰显着企业的社会责任观

企业不仅是管理者和股东的企业,也是员工、合作伙伴乃至社会的企业,随着企业的发展壮大,企业必须经历迈向社会化的过程。[1] 因为企业是在获得许可后开展生产经营活动,为社会提供有用的产品和服务的。从某种意义上讲,为社会提供更多有用的产品和服务就是企业最大的社会责任。[2] 从企业创立的初衷来看,随着时间的推移,企业将由极力追求利润最大化转变为积极履行社会责任,这体现的是企业价值观的转变,说明社会责任正逐渐融入企业生产运营和管理的全过程。

社会责任与企业研发、采购、生产、销售及售后服务等相结合形成的管理模式背后,一方面是在各利益相关方之间形成负责任形象的共同认知,另一方面则是在企业内部凝聚成一定的价值观和使命感。而当社会责任理念完全融入企业的核心价值观和使命时,企业便能够通过阐述企业愿景鲜明地突出其在履行社会责任方面的理念和关注点,并长期坚持按照企业愿景履行社会责任。这种长期投入所带来的效果,远远超过偶尔为之的善行。

同时,这样的企业愿景阐述的也是行业伙伴所希望达到的长期发展目标,必将激励同行企业承担起更多的社会责任,注重与社会、生态环境的和谐相处,发挥行业的特点和优势,促进社会和谐繁荣。

# 第三节 中交集团愿景

在不断砥砺奋进的发展过程中,中交集团"让世界更畅通、让城市

---

[1] 殷格非,崔生祥,郑若娟. 企业社会责任管理基础教程 [M]. 北京:中国人民大学出版社,2008.
[2] 殷格非. 责任竞争力——解码企业可持续发展 [M]. 北京:企业管理出版社,2014.

更宜居、让生活更美好"的企业愿景（以下简称"三让"愿景）承载着基础设施服务行业的梦想与使命，其内涵在于坚持"创新、协调、绿色、开放、共享"的发展理念，致力于建设人便其行、货畅其流、四通八达、天下往来的交通基础设施，建设便捷、智慧、环保、可持续发展的现代城市和家园，通过不懈努力，最终为人类社会创造更加美好的生活。

## 一、中交集团愿景来源于传承

作为行业先行者，中交集团在茁壮发展的过程中，一直传承着中国疏浚工程、港口工程、公路工程、港口机械、公路机械、援外项目以及房地产开发等行业从无到有、蓬勃发展的开拓精神。

1897年，中国第一家专业疏浚机构——海河工程局在天津成立，以整治海河水患，改善海河通行能力。1905年，为解决黄浦江航道水深不足问题，浚浦工程总局在上海成立。这两家机构分别是中交天津航道局有限公司和中交上海航道局有限公司的前身，也是中国疏浚行业的肇始。

1946年，为建设天津塘沽码头和航道，塘沽新港工程局改组成立，它作为中交第一航务工程局有限公司的前身，是我国第一支专业筑港队伍。1953年，交通部航务工程总局成立，下设设计公司、筑港工程公司、疏浚公司、打捞公司等，这些机构大部分逐渐演变成为中交集团的水运工程建设力量。

1950年，中国人民解放军公路工程第一师和华东支前公路修建委员会参与华东支前公路建设，这是开启中交集团公路工程建设史的里程碑。1954年，交通部公路总局在各地公路修建指挥部和工程总队的基础上，扩充组建公路工程局、设计局等，其中部分机构逐渐演变成为中交集团的公路工程建设力量。

1960年，交通部上海港口机械制造厂成立，其前身为1885年在上海创建的通裕铁厂，随着上海海运局鸿翔兴船厂港机车间的并入，它成为新中国第一家专门生产港口机械的企业，并逐渐发展成为如今已享誉全球的上海振华重工（集团）股份有限公司。

1961年，交通部西安筑路机械制造厂由陕西省筑路机械制造厂改组而成，其前身为1949年成立的铁道兵团机械筑路工程总队。它生产了我国第一台沥青混合料摊铺机和第一台稳定土拌合机，并逐渐发展成为中交西安筑路机械有限公司，是中交集团重要的公路机械制造力量。

1979年，中国公路桥梁工程公司成立，成为中国最早"走出去"的四家企业之一。时隔一年，中国港湾工程公司成立。这两家"走出去"企业建设或参与建设了被非洲人民誉为"南南合作典范"的毛里塔尼亚友谊港、被肯尼亚命名为"中国路"的A109国道、东非建设标准最高的埃塞俄比亚首都亚的斯亚贝巴环城公路、赤道几内亚大陆1号国道、巴基斯坦瓜达尔港等一系列有影响力的海外工程，为中交集团的国际化发展奠定了坚实基础。

1981年，中国房屋建设开发公司组建成立，后改制为中国房地产开发集团公司，成为我国第一家专业从事房地产开发的企业，同时也是中交集团向城市发展商转型发展的重要根基。

可以说，这段发展史不仅是中交集团的创业史，也是一部中国疏浚工程、港口工程、公路工程、港口机械、公路机械、援外项目以及房地产开发等行业成长壮大的奋斗史。在此期间，中交集团的核心队伍经历了从行业先行者到行业主力军的蜕变，逐渐发展成为中国水运工程和公路工程建设的国家队，为中国交通基础设施建设事业做出了突出贡献。中交集团不仅修建了新中国第一项水运工程——天津塘沽新港，设计建设了新中国第一座深水港口——湛江港，还参与建设了世界上海拔最高、线路最长的柏油公路——青藏公路，新中国首批国防公路、海南省第一条现代化公路——海口至榆林港中线公路，以及新中国一次性投资最大、技术标准最高的国防干线——0401国防公路工程。

通过高质量完成一系列交通基础设施建设领域的伟大工程，中交集团在显著提升工程技术实力、装备制造能力和企业管理水平的同时，积极担当责任，不负历史使命，将"固基修道、履方致远"的企业使命和"交融天下、建者无疆"的企业精神传承至今，并在此基础上逐渐建立起"三让"愿景。

## 二、中交集团愿景发展于变革

跟随着国企改革和对外开放的步伐，1996年12月，中国港湾建设（集团）总公司由中国港湾建设总公司改制而成，其前身为中国港湾工程公司；1997年11月，中国路桥（集团）总公司由中国公路桥梁建设总公司与其所属企业重组而成，其前身为中国公路桥梁工程公司。这两大集团囊括了交通部所属公路建设行业的设计、施工、装备制造等企业，治理结构不断完善，并于1999年与交通部脱钩，纳入中央大型企业工委管理。

2003年4月，国务院国有资产监督管理委员会挂牌成立，中国港湾建设（集团）总公司和中国路桥（集团）总公司成为国务院国资委监管的中央企业。鉴于两大集团均属于交通基础设施建设行业，同根同源、业务互补、文化相似，强强联合有利于进一步拓展经营布局、整合优化资源、产生聚合效益、避免恶性竞争，在国务院国资委的大力推动下，两大集团经过充分沟通，达成重组意愿，并经国务院批准，于2005年合并重组成立中国交通建设集团有限公司。

中交集团的重组摒弃了传统的"大吃小""强吃弱"或在现有基础上再"造"一个母公司的方式，而是整合两大集团总部从而形成一个新的总部，并注销原有的两大集团，这被视为中央企业实现"强强联合"的典型案例，是国家实施大企业集团战略的一次有益实践。完成重组后，中交集团马不停蹄，果断决策，于2006年实现所属中国交通建设股份有限公司在香港联合交易所挂牌上市，成为我国首家实现境外整体上市的特大型国有企业，被国务院国资委誉为"大型中央企业重组改制境外整体上市的成功典范"。

国企改革不断深化的这段时期，是中交集团和中国交通基础设施建设行业进入快速发展、加速追赶国际同行的重要时期。在此期间，中交集团参与建设了中国第一个外向型工业园区——深圳蛇口工业区、中国第一座外海跨海大桥——东海大桥，设计了中国第一条海底隧道——厦门翔安海底隧道，设计建设或参与设计建设了中国第一条开工建设的高速公路——辽宁沈大高速、中国第一条省际高速公路——京津塘高速、中国第一座跨度超千米的特大悬索桥——江阴长江大桥、中国第一个集装箱专用码头——天津港第三港池集装箱码头、中国第一个挖入式万吨级港口——京唐港、中国规模最大的水运工程——长江口深水航道治理一期二期工程、中国第一个由填海造陆而成的人工岛工程——澳门国际机场人工岛，研究编制了中国首个公路网规划以及首批与国际接轨的行业技术标准等，为我国交通基础设施建设发展积累了宝贵经验、成套技术和专业人才。

面对世界经济复苏乏力、中国经济发展进入新常态、资源整合边际效益递减等新形势，中交集团主动适应外部市场需求，全面加快企业转型升级发展。2013年，中交集团提出"五商中交"战略，即打造"全球知名工程承包商、城市综合开发运营商、特色房地产商、基础设施综合投资商、海洋重工与港机装备制造集成商"，通过对价值链的重组再造，改变基础设施建设业务"一头沉"的局面，企业定位向"工""商"相融升级，市场布局向国内国际并重升级，内部关系向利益共同体、命运共同体升级。在"五商中交"战略引领下，中交集团加快适应性组织建设，构建中交集团总部、事业部、区域总部"三驾马车"新型管理责任体系和总部、事业部、子公司"三位一体"新型发展责任体系，实现了由工到商、由业务线型布局到产业立体发展的积极转变。

步入"十四五"时期，中交集团开启建设具有全球竞争力的科技型、管理型、质量型世界一流企业新征程，聚焦实现高质量可持续发展，打造"三核五商"① 新中交，着力升级战略布局、激发核心动能、创造崭新优势，坚持"123456"② 总体发展路径，按照"面向世界、聚焦建设、突出主业、专注专业"的发展思路，瞄准"三重两大两优"经营策略，以更扎实的管理、更优的质量、更好的效益力争全面实现"两保一争"③ 战略目标。

在持续提升发展质量、扩大业务规模和增强综合实力的同时，中交集团秉承"固基修道、履方致远"的企业使命，坚守"交融天下、建者无疆"的企业精神，并在不断变革中将更广泛利益相关方的期望和更丰富的社会责任理念赋予其宏大远景目标，以"三让"愿景清晰体现积极履行社会责任的雄心壮志。

## 三、中交集团愿景完善于实践

一直以来，作为交通基础设施建设领域的国家队和顶梁柱，中交集团始终坚持融入国家战略，因时代大势而谋、应国家战略而动，积极承担作为国之重器的社会责任。

---

① "三核"是指核心科技先导、核心主业突出、核心优势鲜明；"五商"是指工程承包商筑牢底板、投资运营商培育长板、城市发展商补齐短板、装备制造商跃上跳板、生态治理商建成样板。
② "1"是一个加强，即加强党的领导和党的建设；"2"是突出"两大两优"，即大交通、大城市和优先海外、优先江河湖海；"3"是聚焦"三重"，即重点项目、重要区域、重大市场；"4"是围绕"四做"，即做强投资、做大工程、做实资产、做优资本；"5"是推动"五商"落地，即进一步树立商业思维，实现由"工"到"商"的系统转变；"6"是加快"六化"建设，即国际化的水平、市场化的机制、专业化的精神、区域化的布局、标准化的管理、信息化的提升。
③ 保中国和亚洲国际承包商第一、保国务院国资委央企考核A级、争取进入世界500强前50位。

中交集团：愿景驱动型社会责任管理

　　在服务国家战略方面，中交集团紧跟国家战略导向升级企业战略体系，紧盯关系国家安全、国民经济命脉和国计民生的重大领域和重要产业投入资源，围绕国家重大战略优化区域布局和产业布局。全方位对接京津冀协同发展，参与北京大兴国际机场、京张高铁、河北太行山高速、首都地区环线高速等重大基础设施建设，推动京津冀基础设施网络一体化。开展长江经济带建设，设立长三角区域总部，实施长江口深水航道治理工程，参与建设了以重庆果园港为代表的一批长江航运码头。融入粤港澳大湾区，组建粤港澳区域总部，稳步推进深中通道、香港机场第三跑道项目建设，将港珠澳大桥建设成为连接粤港澳大湾区协同创新发展的重要纽带。参与雄安新区建设，实施"千年秀林"工程，深度参与白洋淀水域治理，并发挥交通基础设施建设领域综合一体化优势，全面跟进雄安新区综合交通体系规划、智慧型综合管廊研究、智慧公交运营方案等绿色智慧城市建设，加快推进京雄高铁和京雄高速项目建设，争当雄安创新发展的先行者。

　　在坚持绿色发展方面，中交集团积极践行"绿水青山就是金山银山"的发展理念，全面推行绿色施工标准化管理，将环境保护理念贯穿到交通基础设施规划、设计、建设、运营和养护全过程，将绿色环保产业纳入企业总体发展战略，大力开展绿色生产和运营，采取各种生态治理措施，保护项目所在地自然环境和生物多样性，努力实现企业与自然的协调发展。肯尼亚蒙内铁路建设严格落实野生动物保护政策，沿线设置了14处野生动物通道，有的通道净高超过6.5米，方便长颈鹿等大型动物自由穿行。加纳特码港项目地处海龟产卵地，为最大限度保护海洋生物多样性，建立海龟孕育中心，组建专业护龟队，保护海龟生存环境。

　　在助力乡村振兴方面，锚定坚决打赢脱贫攻坚战，中交集团承担了曾是全国深度贫困区的"三区三州"中云南省怒江傈僳族自治州泸水市、福贡县、贡山县、兰坪县和新疆维吾尔自治区英吉沙县的定点扶贫工作，全面贯彻党中央、国务院关于精准扶贫、精准脱贫的工作部署，发挥交通基础设施建设主业优势，制定三年行动计划，推动交通脱贫、搬迁脱贫、产业脱贫、教育脱贫、就业脱贫、党建脱贫等工作落实，并合作成立中交怒江产业扶贫开发公司，以"计划＋市场""政府＋企业""短期＋长期"的全新模式，为开发式脱贫攻坚贡献中交智慧。

在践行"一带一路"方面，中交集团秉持"共商、共建、共享"的基本原则，凭借丰富的国际化经验和完善的全球化营销网络，与国内外同行积极合作，积极推动"一带一路"沿线资源开发利用，形成共同发展新格局，并与项目所在国分享中国经济发展的成功经验，重点推动连心桥、致富路、发展港、幸福城等优势产业"走出去"，成功实施了马尔代夫中马友谊大桥、莫桑比克马普托跨海大桥、巴基斯坦喀喇昆仑公路改扩建工程、肯尼亚蒙内铁路、牙买加南北高速、喀麦隆克里比深水港、纳米比亚鲸湾港、斯里兰卡科伦坡港口城等一大批标志性工程。这些工程是"中国智慧""中国方案"积极参与全球治理的集中体现，极大提升了项目所在国交通基础设施建设能力和公共服务水平，带动了当地投资就业，使百姓拥有更多获得感和幸福感。在推进全球化发展的过程中，中交集团以工程品质为保证、以海外履责实践为亮点，不断提升中国交建（CCCC）、中国港湾（CHEC）、中国路桥（CRBC）、振华重工（ZPMC）等品牌在国际市场的知名度和美誉度。如今，中交集团已成为项目所在国政府购买公共服务的优先合作对象，在国际舞台发出了强有力的中国声音。

在打造具有全球竞争力的科技型、管理型、质量型世界一流企业的新征程中，中交集团立足于新时代的经济、社会和环境背景，以"三让"愿景彰显自身的社会责任观，从更广泛的全球利益相关方视角，引领行业伙伴共同追求长远的可持续发展，为达成"两个一百年"奋斗目标、实现中华民族伟大复兴的中国梦以及构建人类命运共同体做出更多贡献。

# 第二章
## 愿景驱动型社会责任管理模式

# 第二章　愿景驱动型社会责任管理模式

企业愿景表明了企业希望成为一个什么样的组织,是企业管理和生产经营的指导原则。将企业愿景与社会责任相结合,使企业愿景与企业使命相吻合,形成企业独有的品牌主张,为社会责任管理打下坚实根基。[①]

中交集团在长期的社会责任管理和实践过程中,始终怀揣"三让"愿景,逐渐形成了具有鲜明特色的社会责任管理模式——愿景驱动型社会责任管理模式。该模式明确了中交集团开展社会责任管理的核心驱动力和推进路径,提供了将社会责任全面融入战略、管理和生产运营的行动指南,是中交集团推进社会责任工作的总体思路和行动路线。

## 第一节　模式构成

### 一、模式示意图

中交集团愿景驱动型社会责任管理模式由核心模块及其所涵盖的精准引领、系统管理、全面实践和立体传播四个子模块构成,如图 2-1 所示。

---

[①] 殷格非,崔生祥,郑若娟.企业社会责任管理基础教程[M].北京:中国人民大学出版社,2008.

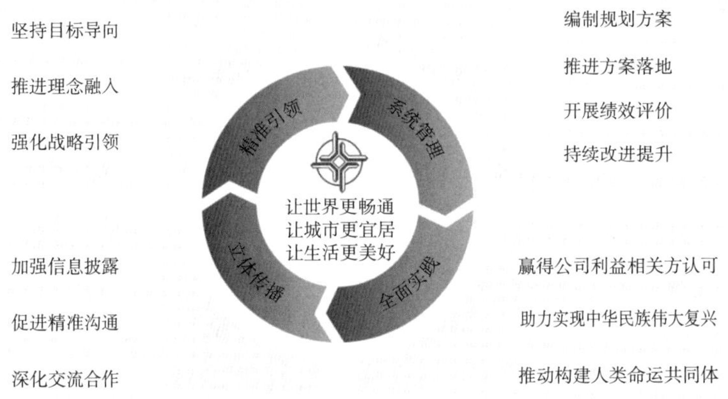

中交集团：愿景驱动型社会责任管理

坚持目标导向
推进理念融入
强化战略引领

编制规划方案
推进方案落地
开展绩效评价
持续改进提升

精准引领　系统管理
立体传播　全面实践

让世界更畅通
让城市更宜居
让生活更美好

加强信息披露
促进精准沟通
深化交流合作

赢得公司利益相关方认可
助力实现中华民族伟大复兴
推动构建人类命运共同体

图 2-1　中交集团愿景驱动型社会责任管理模式

## 二、核心模块

核心模块阐释了中交集团开展社会责任管理的根本逻辑，即在"三让"愿景驱动下，按照精准引领、系统管理、全面实践、立体传播的推进路径，建立、实施、保持并不断改进社会责任管理体系，系统性地管理社会责任实践活动。

在核心模块中，"三让"愿景既是贯穿于中交集团社会责任管理体系之中的坚实主轴，又是驱动中交集团社会责任管理模式高效运转的强劲齿轮；而由精准引领、系统管理、全面实践和立体传播四个子模块构成的社会责任管理推进路径则形成了包含目标、理念、战略、组织、制度、能力建设、运行、绩效评价、信息披露、沟通及改进等全方位的循环机制。"三让"愿景这一核心驱动力和由四个子模块组成的推进路径密不可分且相辅相成，共同构成中交集团愿景驱动型社会责任管理模式，保障中交集团社会责任管理工作系统有序运行。

## 三、子模块

精准引领是中交集团开展社会责任管理的指向标。该子模块包括坚持目标导向、推进理念融入和强化战略引领。其中，坚持目标导向是指聚焦构建"三让"愿景，在明确长期发展目标的基础上，中交集团积极追求经济、社会和环境综合价值创造能力的不断提升；推进理念融入是指将追求经济、社会和环境综合价值最大化的社会责任理念融入企业的决策规划、运营管理和日常工作中，有部署地开展企业文化建设，直至将这种负责任的可持续发展理念融入中交集团的企业使命、企业精神和核心价值观中；强化战略引领是指将履行社会责任纳入企业发展战略，据此识别具有企业经营特色且契合利益相关方诉求的社会责任议题，描绘形成战略目标清晰、理论依据扎实、组织体系健全、规划部署合理的社会责任工作路线，作为社会责任管理的根本方针，统领中交集团的社会责任管理工作。

系统管理是中交集团开展社会责任管理的方法论。该子模块包括编制规划方案、推进方案落地、开展绩效评价和持续改进提升，运用PDCA循环，实现了包含计划、执行、检查和行动等全过程的闭环管理。首先，遵循社会责任管理的根本方针，研究部署在履行社会责任方面的整体规划，明确开展社会责任工作的实施方案；其次，在规划方案的指导下，通过设置权责明晰的社会责任管理部门，以及建立包含质量管理、环境管理、职业健康安全管理等在内的社会责任管理过程准则，健全组织架构及管理制度，并通过开展社会责任培训等方式，帮助员工提升社会责任管理工作所需的必要能力，有效推进社会责任管理融入日常运营，落实到各级单位、部门和岗位；再次，依靠在社会责任管理方面的部门、制度和能力建设成果，对社会责任管理和实践的情况实施定期检查、监督及绩效评价；最后，在上一轮社会责任管理和实践评价结果的基础上，完善社会责任工作实施方案，指导新一轮社会责任管理和实践的改进和提升。

全面实践是中交集团开展社会责任管理的生命线。该子模块包含三个目标维度：赢得公司利益相关方认可、助力实现中华民族伟大复兴和推动构建人类命运共同体。从企业作为产品和服务提供者的基本属性来看，赢得公司利益相关方认可是中交集团最基本的目标维度，在该目标维度下，中交集团将社会责任理念融入企业日常运营全过程，努力打造具有全球竞争力的科技型、管理型、质量型世界一流企业，成为"让出资人放心、客户满意、相关利益方信任、经营者安心、员工幸福、社会赞誉"的受人尊敬企业。从中央企业的本质属性来看，助力实现中华民族伟大复兴是中交集团最崇高的目标维度，在该目标维度下，中交集团在建设交通强国、支撑区域发展、描绘美丽中国、助力乡村振兴等重要领域不断担当、奉献，充分体现了服务国家的初心。从拥有国际化经营的企业基因这一特征来看，推动构建人类命运共同体是中交集团最宏大的目标维度，在该目标维度下，中交集团积极履行海外社会责任，通过在加强基础设施"硬联通"、推动属地管理"软联通"、促进文化交融"心联通"等方面持续巩固和释放责任竞争优势，与世界联通得更加紧密。

立体传播是中交集团开展社会责任管理的助推器。该子模块包括加强信息披露、促进精准沟通和深化交流合作，涵盖了从系统总结、理念传递、多方参与到交流提升的社会责任传播全流程。其中，作为社会责任传播的起点和基础，加强信息披露是指通过发布社会责任报告，充分展示长期履行社会责任过程中的亮点实践，生动形象地传递社会责任理念，牢固树立负责任的品牌形象；促进精准沟通是指通过搭建沟通平台并分享实践案例，紧密连接内外部利益相关方，系统保障并有效促进利益相关方参与社会责任管理；深化交流合作是指通过参加社会责任论坛和社会责任奖项评选等交流活动，使企业履责方向更加明晰，并借助交流与合作达成共识，为传播社会责任增添充足的前进动力。

## 第二节 模式内涵

中交集团愿景驱动型社会责任管理模式具有丰富的内涵，该模式以"三让"愿景为核心驱动力，在全集团范围内凝聚合力，形成了精准引领、系统管理、全面实践、立体传播的社会责任管理推进路径。

### 一、愿景驱动——为社会责任管理提供核心驱动力

企业愿景包括企业履行社会责任的核心理念和未来前景，可以清晰体现企业在社会责任管理和实践方面的雄心壮志，指明企业全体成员全力以赴的未来方向。

企业履行社会责任的核心理念由企业的核心价值观和企业使命组成，它奠定了企业持久履行社会责任的基础。其中，企业的核心价值观是企业在履行社会责任方面最基本和持久的信念，它具有内在性，受到企业全体成员的重视；而企业使命定义了企业履行社会责任的初心，是社会责任管理和实践的指路明灯。

企业履行社会责任的未来前景不仅是企业自身业务经营发展的宏伟、艰难且大胆的目标，也涵盖了与企业息息相关的广泛利益相关方，是企业全体成员推进社会责任管理和实践的焦点所在。[1] 虽然企业履行社会责任的远景目标是宏伟、艰难且大胆的，但是一旦企业全体成员共同参与这个目标的实现过程，并且用生动、鲜活的语言将宏大远景目标实现后的情景描述出来，这种生动、鲜活的描述将展示出企业履行社会

---

[1] 詹姆斯·柯林斯，杰里·波拉斯. 基业长青[M]. 真如，译. 北京：中信出版社，2002.

责任的激情与恒心，成为团队精神的催化剂，驱动企业开展社会责任管理和实践。

构建并贯彻企业愿景，在核心价值观和企业使命不变的同时，锚定履行社会责任的宏大远景目标，保持阶段性目标、战略与行动始终适应环境变化是企业不断自我革新并取得社会责任管理成功的关键。这种愿景驱动型的社会责任管理不仅要求企业构建出独特、持久且清晰的共同愿景，还要求企业建立各类优势，以保持核心理念不变，并激发实现未来前景的动力。这些优势包括更强有力的社会责任理念、系统化的社会责任管理、履行社会责任的生动实践及永不满足的总结提升等，它们相互配合并且紧密围绕企业愿景，是愿景驱动型社会责任管理持久而有活力的保障。

"三让"愿景就是这样一种独特、持久且清晰的企业愿景，而由"三让"愿景驱动的精准引领、系统管理、全面实践、立体传播的社会责任管理推进路径则构成了中交集团愿景驱动型社会责任管理的有力保障，驱动中交集团社会责任管理模式高效运转。

## 二、精准引领——为社会责任管理提供方向指引

社会责任理念与战略是企业履行社会责任的指导思想和目标要求，是企业加强社会责任管理，提升可持续发展能力的核心。[①] 作为大国重器，中央企业要担负起引领发展的责任。

坚持目标导向。社会责任理念不仅代表着时代发展对企业提出的新要求，也代表着人类可持续发展的新观念。这个新要求和新观念实质上关系到企业发展为了谁、企业发展要靠谁、企业如何负责任地发展，以

---

① 肖红军，李伟阳，许英杰.企业社会责任评价研究：反思、重构与实证[M].北京：经济管理出版社，2014.

及如何衡量负责任发展等一系列问题。企业只有回答好了这一系列问题，才能将社会责任理念融入到企业发展中，进而形成企业社会责任观。中交集团聚焦实现高质量可持续发展，以共同目标为导向，在全集团范围内凝聚合力，致力于不断提升经济、社会和环境综合价值创造能力，在新时代的经济、社会和环境背景下，持续积累责任竞争优势，努力打造具有全球竞争力的科技型、管理型、质量型世界一流企业。

推进理念融入。从社会责任理念的角度，企业应当将追求经济、社会和环境综合价值最大化的社会责任理念，以及透明、道德、诚信、奉献等社会责任原则充分融入企业愿景，并在日常经营和内外部沟通过程中持续传递企业履行社会责任的价值观。中交集团将社会责任理念深深融入"三让"愿景中，将利益相关方的期望、社会和环境目标及可持续发展理念融入"固基修道、履方致远"的企业使命和"交融天下、建者无疆"的企业精神，让履行社会责任成为中交集团发展目标的一部分。

强化战略引领。从社会责任战略的角度，企业应当从战略高度将利益相关方期望与企业在经济、社会和环境方面的发展目标相融合，让履行社会责任成为自身发展战略的一部分。正如管理学者迈克尔·波特所说，只有通过战略性地承担社会责任，企业才能对社会施以最大的积极影响，同时收获最丰厚的商业利益。[①] 中交集团以"三核五商"战略为引领，让履行社会责任成为企业发展战略的一部分，将诚信经营、节约能源、爱护环境、善待员工、热心社会公益等责任理念贯穿于企业规划、投资、采购、建设、运营和服务等各个环节，塑造具有高度亲和力和感召力的企业文化和品牌形象，更加有效地整合社会资源，创造有利

---

① 殷格非，崔生祥，郑若娟. 企业社会责任管理基础教程 [M]. 北京：中国人民大学出版社，2008.

于企业经营和发展的内外部环境,从而获取竞争优势,实现高质量可持续发展。

## 三、系统管理——为社会责任管理提供重要抓手

运用全面质量管理的 PDCA 循环,包含计划、执行、检查和行动等全过程的闭环管理为企业的社会责任管理提供了科学化和系统化的管理工具——社会责任管理体系。按照 PDCA 循环的逻辑,社会责任管理体系同样由计划、执行、检查和行动这几个环节组成。其中,计划是指企业确定和评价影响、风险和机遇,制定社会责任目标并建立所需的过程;执行是指企业实施计划的过程;检查是指企业依据社会责任方针和目标,对社会责任工作流程和实践进行监测并报告结果;行动是指企业采取措施持续改进社会责任绩效,以实现预期目标。

基于闭环管理的社会责任管理体系不仅能够帮助企业切实有效地将社会责任融入日常决策和活动之中,形成良好的、稳定的系统化运行机制,让企业能够全面、系统和有效地管理其决策和活动的社会和环境影响,最大限度地促进有益影响,尽可能减少不良影响,持续提升社会责任管理水平及改进社会责任管理绩效,还可以帮助企业准确把握社会责任管理在企业内部的职能定位,与其他管理职能之间建立基于社会责任的协作管理平台,实现组织管理的一体化,全面提升整体管理水平。

在系统总结社会责任工作流程和实践成果的基础上,中交集团构建起了以"三让"愿景作为核心主轴的社会责任管理体系。

(1)编制规划方案。将社会责任纳入《"十四五"企业文化建设规划》,完善社会责任管理顶层设计,明确中交集团开展社会责任管理的整体规划和实施方案。

(2)推进方案落地。成立社会责任管理工作委员会,由主要领导任主任、分管领导任副主任、总部各部门主要负责人任委员,制定

《中国交通建设集团有限公司社会责任管理办法》，开展多层级社会责任培训，全面提升社会责任管理能力，并按照战略导向、深度融合和广泛参与原则推进社会责任融入日常经营。

（3）开展绩效评价。针对不同的社会责任议题和具体实践内容，制定相关考核办法，对社会责任管理和实践情况实施定期检查、监督及绩效评价。

（4）持续改进提升。开展社会责任实践及方案研究，在系统分析总结的基础上，完善社会责任工作方案并更新工作计划，指导社会责任管理和实践的改进提升。

## 四、全面实践——为社会责任管理提供坚实基础

中交集团基于国内外社会责任标准、政府政策要求、标杆企业对标和利益相关方调研，并结合自身发展规划，建立社会责任议题池，将实质性议题分为责任管理、公司治理、优质工程、供应链管理、员工责任、社区责任、环境保护、海外履责八大领域，通过利益相关方专项调查深入了解各核心议题的主要利益相关方诉求，深入开展履行社会责任的实践活动。

将社会责任理念融入日常运营全过程，赢得公司利益相关方认可。中交集团致力于建设受人尊敬的世界一流企业，积极履行信息披露义务，与投资者达成良好沟通关系；完善客户服务体系，持续提升客户满意度；坚持保障员工的合法权益，助力员工能力提升，为员工提供生活关怀，让员工快乐工作、健康生活；与供应链伙伴广泛开展合作交流，推行责任采购，实现合作共赢；与各地政府、企业和科研机构开展项目合作，助力城市发展、促进行业繁荣；积极投身社会公益事业，参与所在社区建设，开展"蓝马甲"志愿活动，为建设和谐社会贡献力量。

在服务国家的重要领域不断担当奉献，助力实现中华民族伟大复

兴。中交集团坚持打造科技型世界一流企业，面向科技发展前沿、国家重大工程建设、国内国际市场，持续完善科技创新体系，稳步增强自主创新能力，不断突破关键核心技术，在流域治理与水处理技术、人工岛快速成陆技术、水下隧道建设技术等领域取得了一系列重大科技成果，为一大批国家重大工程建设提供了技术支持。勇当国家战略践行者，主动融入并服务京津冀协同发展、粤港澳大湾区建设、长三角区域一体化发展等国家重大战略，投身建设雄安科创城、天津地铁3号线、唐山"全域治水 清水润城"等重大项目，以优质工程展现中交集团新担当、新境界、新作为。始终坚持"绿水青山就是金山银山"的发展理念，大力推进生态文明建设，建立完善的生态环境保护制度体系，推广节能环保技术，坚持绿色施工，积极保护生态环境和生物多样性，倡导绿色办公，广泛开展环保公益活动，积极描绘山青水绿、鸟语花香的美丽中国画卷。积极巩固脱贫攻坚成果，发挥交通基础设施建设主业优势，推动交通脱贫、搬迁脱贫、产业脱贫、教育脱贫、就业脱贫、党建脱贫等工作落实，为乡村振兴贡献中交智慧。

积极履行海外社会责任，持续发挥责任竞争优势，推动构建人类命运共同体。中交集团积极践行"一带一路"倡议，实施海外优先的国际化发展战略，秉持共商、共建、共享原则，坚持因地制宜、精准施策，致力于打造连心桥、致富路、发展港、幸福城，先后成功实施了蒙内铁路、马来西亚东海岸铁路、斯里兰卡科伦坡港口城等一批地标项目，为各国人民提供优质、安全、健康的产品和服务，依托项目建设持续带动所驻地区就业，推动当地经济、社会、民生等多领域发展，为推动构建人类命运共同体搭建了重要纽带。

## 五、立体传播——为社会责任管理提供展示空间

中交集团的社会责任传播涵盖了从系统总结、理念传递、多方参与

到交流提升的全流程，不仅能够有效促进利益相关方参与社会责任管理，生动形象地传递社会责任理念，树立负责任的品牌形象，还能够通过交流与合作，学习掌握社会责任管理的先进模式和社会责任实践的最新亮点实践，促进社会责任管理和实践的有效提升。

加强信息披露。在扎实推进社会责任管理和实践的基础上，中交集团系统总结梳理出长期履行社会责任过程中的一系列具有示范意义的工作亮点和典型实践，并通过多种渠道进行分享，积极撰写社会责任管理案例，参与国务院国资委、国家乡村振兴局、中国国际扶贫中心等机构组织的案例评选活动，多个案例入选《中央企业社会责任蓝皮书》《中央企业海外社会责任蓝皮书》《中央企业抗击新冠肺炎疫情案例集》。自2007年以来，中交集团已连续15年发布高质量社会责任报告，并在2018年发布"一带一路"社会责任报告、2021年发布首份扶贫责任报告和首份独立的ESG（环境、社会和公司治理）报告，充分发挥社会责任报告记录业绩、传播理念、沟通信息、量化责任、监督和促进企业可持续发展的重要作用。伴随着社会责任实践的深入推进，中交集团社会责任报告连续多年获得五星级评价，并在2021年和2022年连续获得"五星佳"级评价，持续巩固利益相关方对中交集团经营发展和履责实践的信心。

促进精准沟通。在积极推进社会责任实践的基础上，中交集团及时了解和回应利益相关方诉求，将利益相关方的合理建议纳入社会责任工作考虑，建立并不断完善利益相关方沟通及参与机制。通过主流媒体、自媒体、融媒体、网络平台等传播渠道，着力强化社会责任沟通交流和日常传播，不断创新沟通形式，及时传递社会责任理念，取得利益相关方的深切认可，实现与利益相关方共同发展、共同进步。

深化交流合作。中交集团积极探讨社会责任与可持续发展方面的最新议题，分享履责实践，加强与伙伴之间的沟通与合作，强化企业在社会责任领域的行动力，让责任理念落地成具体行动，推动中国企业持续深入履行社会责任。2020年10月，参加国资委举办的央企扶贫论坛，讲述中交集团勇当脱贫攻坚主力军，助力"三区三州"深度贫困地区全面实现脱贫摘帽的真实案例。2021年7月，参加ESG中国论坛2021夏季峰会，并发布《中国交建2020年环境、社会及管治报告》，分享ESG管理经验。2021年10月，出席"推进全球生态文明建设（洱海）论坛"并做主旨发言，分享在构建人与自然生命共同体方面的努力。2022年2月，出席中国在非企业社会责任联盟2022新春招待会并作致辞，讲述中交集团在非履责实践情况，发起"百企千村"活动倡议。2022年3月，出席北大光华管理学院"扩大内需的政策创新与共同富裕"学术研讨会，分享中交集团扎实开展"中交助梦"行动在推进共同富裕、促进全球可持续发展方面的探索与实践。2022年5月，受邀参加全国东西部协作与中央企业定点帮扶电视电话会议，分享立足产业优势，实施产业帮扶，促进乡村振兴的典型做法。

# 第三节　责任品牌

随着社会责任管理的顶层设计日趋完善，社会责任工作推进方向日趋明确，中交集团制定《"中交助梦"行动方案》，以助力巩固拓展脱贫攻坚成果、推动乡村全面振兴为契机，将中交集团多年来在境内外开展的履责实践统一纳入"中交助梦"行动，以"三让"愿景驱动"中交助梦"行动，以"中交助梦"行动助力"三让"愿景实现。

## 一、全面推进"中交助梦"行动

中交集团及所属单位遵循合法合规、量力而行、讲求实效、规范管理及可持续、可示范等原则，加强组织领导、规范管理和品牌传播，通过制定行动计划、着力人才建设、完善绩效考核、推进持续改进、落实闭环管理，不断提升愿景驱动型社会责任管理效能，促进中交集团与社会、环境的全面协调可持续发展。

在国内，通过开展以定点帮扶工作为重点内容的"中交助梦"行动，推动实现乡村产业兴旺、生态宜居、乡风文明、治理有效、生活富裕。持续落实新时代援疆援藏援青工作要求，积极发挥主业优势，加大对新疆、西藏、青海等地的基础设施投资建设和高端对接、属地管理、安全保障、环境保护、特色产业支持，提供干部人才援助、就业援助、教育援助、工装援助等，助力当地稳定发展、社会和谐。

在海外，积极践行联合国可持续发展目标倡议，顺应并引领绿色、低碳、循环经济发展潮流，重点将责任认知、责任治理、责任实践和责任成效融入生产经营各环节，在境外项目所在国家和地区深入开展以"中交助梦"命名的海外履责行动，包括关爱弱势群体、提供优质产品、保护自然环境、帮助救灾救险、提供人力援助等，以实际行动传递可感知、有温度、可传播的海外履责形象。

"中交助梦"行动可涉及各领域、采用各种形式，当前，中交集团紧紧聚焦巩固拓展脱贫攻坚成果、推动乡村全面振兴，着重但不局限于开展以下行动。

（1）"中交助梦、畅通未来"。发挥"交通强国"试点单位优势，把握交通"先行官"定位，聚焦科技、安全、绿色、智能等领域，积极作为，提供高质量交通基础设施产品。重点围绕乡村振兴战略，帮助定点帮扶地区、新疆、西藏、青海等地及"一带一路"沿线国家实现公路交通由"线"向"网"、交通运输由"公路交通"向"综合交通"的转变，构建适应高质量发展的现代综合交通运输体系，补齐制约当地经济发展的交通基础设施短板。

（2）"中交助梦、教育提升"。支持发展教育事业，积极援建学校硬件设施和互联网教育软件、课教文具用品等。在定点帮扶地区、新疆、西藏、青海等地及"一带一路"沿线国家，除援助教育硬件和软件设施、补足教育短板外，还设立"中交助梦"奖学金、助学金，激励学生增长知识；设立"中交助梦"优秀教师奖励基金，引进优秀师资力量，激励教师提升能力；开展中交"蓝马甲"志愿者助学帮扶及支教活动，帮助解决困难家庭子女上学问题等。

（3）"中交助梦、促进就业"。充分发挥建筑企业对就业的吸附作用，吸纳人员就业。在定点帮扶地区及新疆、西藏、青海等地，着重发挥交通基础设施建设主业优势，组织开展建筑行业技术能力培训，培养劳务输出带头人，帮助扩大就业。围绕巩固脱贫攻坚成果同乡村振兴有效衔接要求，帮助培养致富带头人和农村专业人才，遴选种植和养殖大户、农产品加工服务者、返乡下乡涉农创业者，组织开展实用技术培训，培养一批新型职业农民。

（4）"中交助梦、美丽乡村"。落实新发展理念，结合当地资源禀赋，广泛开展生态环境保护公益行动。积极发挥交通基础设施建设主业优势，整合设计规划、投资建造、运营维护等资源，重点帮助定点帮扶地区及新疆、西藏、青海等地改善农村公共基础设施条件，提升人居环境，发展乡村旅游、特色农业产业等，打造乡村振兴示范点。

（5）"中交助梦、产业振兴"。根据乡村振兴战略及当地产业发展规划，联合社会力量，帮助打造具有发展前景的新兴产业。持续支持定点帮扶地区做大做强文旅产业、峡谷农业特色产业等，不断延伸产业链、价值链。

（6）"中交助梦、妇幼关爱"。携手社会公益慈善组织，围绕妇幼等弱势群体，开展妇幼健康、妇女就业及幼儿学前教育等关爱行动，帮助妇女儿童做好大病筛查、医疗健康咨询和教育培训服务，为教师及志愿者到乡村支教提供资源支持等。

（7）"中交助梦、强基固本"。重点支持定点帮扶地区建强农村党支部。设立"头雁培养"奖励基金,激励支部书记发挥头雁作用,增强村党支部书记的示范带动作用。开展支部书记培训,进一步提升支部书记能力素质,增强支部凝聚力。实施党建结对共建,帮助建强村党支部班子队伍,规范党务工作,完善阵地建设,进一步提升基层活力。

## 二、打造"中交助梦"责任品牌

聚焦培育打造"中交助梦"责任品牌,中交集团按照有高度、有成效、有创新、可持续、可示范、可传播的"三有三可"标准,开展"中交助梦"案例征集及评选表彰活动,设计"中交助梦"标识(见图2-2),制定《中交助梦视觉识别系统规范手册》,以规范的全球履责行动形成规范一致的全球统一品牌,致力于不断提升中交集团社会责任品牌影响力和美誉度。

图2-2 "中交助梦"标志

首先,"中交助梦"标识的设计灵感来源于中交集团标识中篆体"行"的外在形象及内在涵义,其形犹如一座硕大、稳固的桥墩,象征着"中交助梦"行动将为推动乡村振兴、社会公益、环境保护等提供强有力的支撑。

其次,"桥墩"继续延展成展开的双翼,体现"中交助梦"之畅通未来、教育提升、促进就业、美丽乡村、产业振兴、妇幼关爱、强基固本等行动为帮助对象插上梦想翅膀，助其圆梦。

再次，标识也像一棵扎根大地的参天大树，传达了中交集团的"三让"愿景，展现了中交集团对绿色美好生活的追求。

最后，标识中间的"i"借用了"爱"的音，体现了中交人对世界、国家、社会、人类无尽的爱意。同时将象征全球化的"地球"演变成人类的头部，使"中交助梦"标识瞬间演化成一个带着梦想与希望展翅高飞的人，意味着"中交助梦"行动秉持以人为本理念，为实现中华民族伟大复兴的中国梦及构建人类命运共同体贡献中交力量。

# 第三章

## 中交助梦、愿起初心

# 第三章 中交助梦、愿起初心

"初心"一词，意为最初的心愿，是指做某件事时最开始所持有的信念。"不忘初心、方得始终。"作为交通基础设施建设领域的国家队和顶梁柱，中交集团以"固基修道、履方致远"的企业使命和"交融天下、建者无疆"的企业精神为初心，以初心规划"三让"愿景，坚持融入国家战略，因时代大势而谋、应国家战略而动，为加快建设交通强国、支撑区域协同发展、描绘美丽中国画卷及助力乡村全面振兴贡献中交力量，担任国家战略的坚定践行者。

## 第一节 建设交通强国

交通是兴国之要、强国之基。交通运输是国民经济中的基础性、先导性、战略性产业和重要服务性行业，在构建新发展格局中具有重要地位和作用，建设交通强国是以习近平同志为核心的党中央立足国情、着眼全局、面向未来作出的重大战略决策。中交集团围绕大交通、大城市、江河湖海等领域全面发力，积极融入中国特色社会主义现代化国家建设新征程，以创新战略和优质工程展现新担当、新境界、新作为，全方位助力建设交通强国。

为落实《国家综合立体交通网规划纲要》中有关加快建设交通强国的规定和要求，中交集团坚持"把握发展定位""统筹领域试点""强化保障措施"的工作思路，把握机遇、强化担当，力求在为全面推进交通强国建设中先试先行。在做好示范带动作用的同时，统筹好"量"与"质"的关系，奋发有为、勇当先锋，发挥核心优势，加强有效衔接、提高效率效益，助力打造更加创新、更加协调、更加绿色、更加开放、更加共享的综合立体交通网络。

中交集团：愿景驱动型社会责任管理

## 一、把握发展定位

作为全球领先的特大型国际化基础设施综合服务企业，中交集团始终积极响应国家发展战略的相关要求，增强建设交通强国的责任感、使命感、紧迫感，牢牢把握精神实质，深刻认识加快建设交通强国的重要意义，把握"先行官"发展定位，发挥示范作用，以人民为中心，助力打造现代化综合交通体系。

1. 把握"先行官"发展定位

交通基础设施建设具有很强的先导作用，"要想富，先修路"不过时，城市现代化要交通先行，这些论述赋予了交通运输发展"先行官"的历史新定位。百余年来，中交集团因时代大势而谋、应国家战略而动，始终把交通先行的责任担当扛在肩上，积极组织力量参与国防工程、两路建设，开创中国公路网规划、引领全国港口建设，承担了港珠澳大桥、蒙内铁路等一批具有重大意义的工程建设，为畅通世界交通网和构建人类命运共同体做出了突出贡献。在加快建设交通强国的新征程中，中交集团自觉将思想和行动与党中央的重大决策部署相统一，深刻认识加快建设交通强国的重要意义，在行动上先行一步，加快形成一批可复制、可推广的典型成果和经验，为全面推进交通强国建设先试先行，做好示范带动作用。图3-1为中交集团参与建设的港珠澳大桥。

图3-1 中交集团参与建设的港珠澳大桥

### 跨山越海，打造"中国桥"建设奇迹

作为全球最大的桥梁设计建设企业，中交集团基于完备的桥梁建设技术体系，目前已经设计或建设了世界10大斜拉桥中的4座，世界10大悬索桥中的5座，世界10大高山峡谷桥中的8座，世界10大跨海大桥中的7座，并不断创造新的"中国桥"建设奇迹。中交集团设计或建设的桥梁包括：

· 世界上最长的跨海大桥——港珠澳大桥全长55千米，被誉为交通工程的"珠穆朗玛峰"。

· 世界第一高桥——北盘江大桥，桥面距江面高差达565米。

· 建成时为世界上跨度最大的拱桥——重庆朝天门长江大桥，最大跨度达552米。

· 世界上首座跨度超千米的公铁两用斜拉桥——沪苏通长江大桥，主跨长达1092米。

· 世界上最大跨度公铁两用斜拉桥、国内第一座"三位一体"的跨江大桥——江苏常泰长江大桥，全长5.3千米、主跨长达1176米。

> ・世界上最大的公铁两用悬索桥——五峰山长江大桥,全长6.4千米,主跨1092米。
> ・世界跨径排名第七的悬索桥——深圳中山通道,全长约24千米,包括6.8千米沉管隧道,主航道桥跨径1666米,这是中交集团承接的又一世界级"桥、岛、隧、地下互通"集群工程,也是国家"十三五"重大工程和粤港澳大湾区的战略性通道。
> ・世界跨径排名第八的悬索桥——西堠门大桥,主跨长达1650米。
> ・东南亚最长的跨海大桥——马来西亚槟城第二跨海大桥,长达22.5千米。
> ・中国建筑企业在欧洲国家承建的第一座大桥——塞尔维亚泽蒙—博尔察大桥,桥长1482米。
> ・非洲第一大悬索桥——莫桑比克马普托跨海大桥,全桥长超过3千米,主跨长达680米。

### 2. 满足人民日益增长的美好生活需要的发展要求

为建设人民满意的交通,中交集团始终坚持以人民为中心的发展思想,在"大交通、大城市"领域,投资建设了一批高质量、可持续、抗风险的基础设施项目。把握新时代国有企业"六个力量"[①] 重大使命,聚焦我国交通在城乡间、区域间、运输方式间、新旧业态间、软硬实力间、建管养运间存在的发展不平衡现状,发挥江河湖海治理优势,以一揽子、高品质的"中交方案"一体化推进基础设施建设立体互联,助力交通运输供给加快从"走得了"向"走得好"转变,不断增强人民群众的获得感、幸福感、安全感。

---

① "六个力量"是指中国共产党领导、理想信念、改革创新、战斗精神、革命纪律、军民团结。

3. 确立建设现代化综合交通体系的发展目标

综合交通运输进入了新的发展阶段，各种运输方式都要融合发展，加强综合交通运输体系建设，系统提升干线航道通航能力，强化铁路、公路、航空运输网络，这些论述充分阐释了交通运输在新发展阶段服务构建新发展格局中的重要支撑作用，为加快建设现代化综合交通体系指明了方向和路径。目前，中交集团在交通基础设施领域已形成了全产业链和综合一体化服务优势，在交通运输装备、港口机械、海洋工程装备等领域形成多个世界一流水平产业集群优势。中交集团以加快建设交通强国为着力点，紧扣构建新发展格局目标，进一步参与现代化综合交通体系规划建设、传统交通基础设施数字化升级，建设智慧公路、现代化养护、智能化码头、数字航道、智慧机场，打造智慧引领、低碳畅行，连通陆岛，形成海陆空一体，建设全球的现代综合交通运输体系，助力交通运输成为现代产业体系协调发展的坚实支撑，内外经济循环相互促进的重要纽带，产业链和供应链安全稳定的保障基石。

### 聚力"大交通"，发展硬实力

港口工程。作为世界最大的港口设计建设企业，中交集团制定了70%以上的水运行业国家标准，设计建造世界10大港口中的7个。宁波舟山港是世界货物吞吐量第一大港，共有生产泊位620多座，其中5万吨以上的大型、特大型深水泊位90多座。洋山港是上海港的重要组成部分，助力上海国际航运中心在全球扮演更为重要的角色。中交集团自1996年起承担了洋山港几乎所有的论证立项、勘察设计、施工装备配套任务。

## 中交集团：愿景驱动型社会责任管理

疏浚工程。作为世界最大的疏浚企业，中交集团耙吸挖泥船总舱容量和绞吸挖泥船总装机功率均排名世界第一，制定多项疏浚行业国际标准，为全球疏浚行业贡献中交智慧；设计建设万吨级以上沿海航道3000多千米，占全国80%以上。其中，"天鲲号"是中国首艘从设计到建造拥有完全自主知识产权的重型自航绞吸挖泥船，是亚洲最大的自航绞吸挖泥船。

公路工程。作为全球领先的公路设计建设运营企业，中交集团设计建设高速公路12万千米，占全国高速公路总里程3/4，全球高速公路1/3，并参与建设亚非拉美多条核心公路工程。青藏公路是海拔最高的公路，全长1937千米，被誉为西藏的"生命线"。京新高速公路构筑起祖国北部进入新疆的最快最便捷大通道，临白段全长930千米，是亚洲最大的单体公路交通工程和全世界穿越沙漠最长的高速公路。

铁路工程。作为全球领先的铁路和轨道交通设计建设运营企业，中交集团参与多个重大铁路项目建设，设计建设轨道累计里程单线超11000千米。建设并运营肯尼亚蒙内铁路等"一带一路"倡议的标志性工程，推动中国铁路建设标准走向世界。建设或参与建设的铁路还包括京雄城际铁路、京沪高速铁路、哈大高速铁路、肯尼亚独立以来最大的基础设施工程——蒙内铁路及"一带一路"沿线最大的交通基础设施项目、中国企业在海外实施最大单体工程——马来西亚东部沿海铁路。

桥梁工程。作为全球最大的桥梁设计建设企业，中交集团拥有完备的桥梁建设技术体系。目前设计或建设了世界10大斜拉桥中的4座，世界10大悬索桥中的5座，世界10大高山峡谷桥中的8座，世界10大跨海大桥中的7座。

> 隧道工程。中交集团勇当标杆，全面发展，主导建设多项世界级公路隧道工程，在设计、施工、装备等领域积累了丰富的经验，形成了成套的技术体系，推动了产业发展及技术革新。厦门翔安海底隧道工程是中国自行建设建造的第一条钻爆法海底隧道，全长约8.7千米，其中海底隧道长约6.1千米。天山胜利隧道是世界最长的高海拔高速公路隧道，贯穿天山南北，全长约22千米。
>
> 机场工程。中交集团以战略投资者身份参与组建中国民航机场建设集团有限公司，先后承揽了80多个国家和地区的机场工程，参与了中国90%以上民用运输机场工程设计、建设工作，具备民航机场工程建设全产业链业务能力。北京大兴国际机场可满足2025年旅客吞吐量7200万人次、货邮吞吐量200万吨、飞机起降量62万架次的需求，中交集团全过程参与机场规划设计、施工监理、咨询服务、科技研发、运行保障。
>
> 装备制造。作为世界领先的港口机械和海工重型装备设计制造服务商，中交集团岸边集装箱起重机连续20余年保持岸桥全球市场份额第一名，在大型盾构机、起重船、疏浚船、钻井平台和风电安装平台等制造方面拥有技术研发和制造优势。自主建造的"振华30"12000吨全回转起重船是目前世界上起重能力最强的全回转海上浮吊，在港珠澳大桥建设中承担了海底沉管隧道最终接头的吊装任务。

## 二、统筹领域试点

中交集团紧盯《交通强国建设纲要》《国家综合立体交通网规划纲要》《中华人民共和国国民经济和社会发展第十四个五年规划和2035年远景目标纲要》，抓住重点领域、关键环节，通过在基础设施、交通装备、运输服务、智慧交通、安全应急保障和绿色交通六大领域开展试点工作，推动交通强国建设开新局、上台阶，全面落实加快建设交通强

中交集团：愿景驱动型社会责任管理

国的重点任务。

1. 全产业链一体化

围绕桥岛隧集群、公路、水运等七大试点子任务，进行产业链、供应链战略设计和精准施策，在"建链、强链、补链、延链"中推动产业向价值链中高端集聚，不断迈向高端化、智能化、绿色化，形成具有更强创新力、更高附加值、更安全可靠的产业链和供应链，打造现代产业链链长。

突破瓶颈建链。加大对具有战略意义、溢出效应的战略性新兴产业和新型基础设施的投资，加快建设投资规模大、辐射范围广、带动能力强的重点项目，着力壮大新增长点、形成发展新动能，推动现代综合交通运输体系建设。

协同合作强链。深化与产业链相关企业的协调合作，促进深度交流、资源共享、优势互补，立足优势领域，练就更多独门绝技，推进数字产业化和产业数字化，更好地赋能传统产业转型升级。

聚焦问题补链。认真系统梳理当前产业链暴露的缺位、短板、弱项问题及存在的主要困难，打通产业链堵点、卡点。

创新升级延链。以技术创新引领产业延伸、转型、升级，用投资驱动和硬核科技推动交通基础设施高质量发展，努力做好综合交通基础设施全产业链的投资者、研发者和建设者。

2. 工程建设优质化

建设"精品工程、样板工程、平安工程、廉洁工程"，完整准确全面贯彻新发展理念，大力推动企业高质量发展。

安全管理完善可靠、反应快速。坚守安全生产"红线"，强化源头治理，推进安全生产专项整治三年行动集中攻坚，针对易发安全事故的领域，开展全面彻底隐患排查，对检查中发现的问题列出清单、建立台账、限期整改，对存在明显隐患的领域实行挂牌督办，提高突发事件应急处置能力，以"严"的作风和"实"的措施全面加强安全生产工作。

全面深化质量管理、常态长效。质量是发展之基、立业之本、转型之要，加紧开发从设计、施工到运维贯穿工程全寿命周期的质量管理平台，完善质量责任体系，健全质量监管体系，构建技术支撑体系，全面提升工程、产品、服务质量。

节约集约、低碳节能。专题研究落实碳达峰、碳中和有关工作的主要举措，制定路线图和时间表，着力处理发展与减排、整体与局部、短期与中长期的关系，推动传统产业低碳改造升级，坚决遏制高能耗、高排放项目建设，持续做好环保督察整改工作，发挥在碳达峰、碳中和中的表率示范作用。

3. 科技创新要素集成化

贯彻落实国务院国资委党委关于打造中央企业原创技术策源地的部署要求，以科技创新和国有资本投资公司试点作为两轮，发挥企业创新主体作用，不断提高自主创新能力，实现交通技术研发应用水平全面提升。

抓好人才和机制两个关键。以三级创新体系为基础，以"1+3"[①]科技创新决策咨询体系为指引，借助院士资源平台和高端咨询渠道，集中优秀人才、优质资源进行联合攻关，建立具有市场竞争优势的核心关键人才选人用人和薪酬激励制度，落实好攻关任务"揭榜挂帅"等机制，优化创新创业创造生态。

抓好创新和研发两个平台。抢抓2021年落地的国家实验室建设机遇和科技创新重大项目机遇，集中优势资源建设国家级、省部级和集团

---

[①] "1"是指科技创新暨关键核心技术攻关领导小组；"3"是指高端科技智库、专家委员会、青年专家委员会。

级的重点实验室，研发中心，野外观测研究基地和企业技术中心"三级四类"科技创新平台，重点推进长大桥、疏浚、冻土三个现有国家级技术平台的技术创新与产业化应用，加快构成集应用基础研究、应用研究、工程化与产业化研发于一体的涵盖创新链各环节的研发平台集群。

系统梳理"卡脖子"领域和关键核心技术问题。以重大工程为载体，加强低碳、零碳、负碳重大科技攻关，创新北斗导航在交通领域的综合应用，提升交通基础设施数字化、智能化水平，加快升级"天鲲号""天和号"等核心装备，加快研制集装箱自动化码头成套装备等关键装备，不断提升科技支撑能力。

4. 投融资模式创新化

充分发挥全国最大高速公路投资商投建营一体化优势，以投融资为引领，通过高端对接、项目策划等方式稳步开拓市场。

创新投资模式，在交通基础设施投资模式上拥有行业领先的创新实践，创造高速公路投资的"贵州模式"并不断推进城市综合开发3.0模式；聚焦主责主业，立足投资全生命周期理念，积极探索"交通基础设施+土地开发""交通基础设施+文旅康养"等投资新模式，进一步推动交通建设与资源开发、产业发展有机融合。

创新融资模式，积极探索基金、资产证券化等多元化融资模式，真正打开以产促融、以融促产、产融互动的良好局面。科学规范资金管理，管好资金头寸、优化资金成本、确保资金安全，有效防范化解金融风险。

5. 供给服务质量标准化

以提高供给质量为主攻方向，深化供给侧结构性改革，加快融合发展，着力提高效率、提升质量。

不断深化交通与旅游产业的融合发展。深度挖掘路域旅游资源，加快打造"路游憩"出行服务综合平台、具有国际化元素的样板服务区、特色交通与旅游产业融合项目等跨区域经济社会发展新引擎。

不断提升运输服务品质。以服务标准化、品牌化、数字化、便利化为主方向，进一步提高运输装备安全绿色水平，增加高品质、多样化服务供给，深化"互联网+智慧运输+衍生服务"的新型网络货运组织模式，着力打造"线上线下一体化"的智慧运输服务网络。

**6. 全球竞争力提升高速化**

进一步加强全球竞争力提升与发展能力建设，努力融入全球产业分工体系，做国际化发展的排头兵。

提升战略执行力。坚定"123456"总体发展思路和"三重两大两优"经营策略，组织实施国际化经营战略，统筹推动海外优先、优质、协同发展，推动从中交国际化向全球化中交的跃升。

提升资源配置力。深入落实国企改革三年行动，持续完善产业链、价值链、创新链全球化布局，努力实现技术、管理、金融等资源全球化配置，进一步健全市场化调配机制，加快形成面向全球的生产服务网络。

提升品牌影响力。积极践行共商、共建、共享理念，把中国优势与所在国需求深度融合，模范遵守国际通行规则和所在国法律，坚持诚信经营、恪守商业信用，努力提供优质、安全、健康的产品和服务。一方面通过修路架桥、筑港通航，实现海陆空基础设施的"硬联通"，另一方面通过系统性、长期性的海外履责活动，实现中外民心的"软联通"，将企业文化和商业文明传播至全世界，以负责任的企业形象赢得尊重，助力国家形象塑造。

## 三、强化保障措施

加快建设交通强国是一项涉及观念行为、体制机制变革的重大战略任务，中交集团充分利用各方面资源，调动各方积极性，做到任务明、责任清，以"四个坚持"[①]为工作原则，形成集团上下共同参与、协同推进的工作格局，确保交通强国建设试点工作扎实推进。

坚持党的领导。增强政治意识、提高政治站位，不断提高政治判断力、政治领悟力、政治执行力，以对党绝对忠诚的态度和决心，敢于担当、主动作为、不辱使命，不折不扣把党中央决策部署落实到位。

坚持服务大局。发挥中交集团作为国有资本投资公司试点、国有企业党建联系点、交通强国建设试点的先行先试优势，围绕国家重大战略和经济社会发展需要，助力发挥好交通运输在建设现代化经济体系、乡村振兴、新型城镇化等方面的先行引领和支撑保障作用，为实现我国现代化建设提供重要支撑，更加坚定地以舍我其谁、时不我待的进取精神服务党和国家事业大局，服务人民美好生活。

坚持远近结合。把加快建设交通强国当作一项长期战略任务，着眼长远、久久为功，立足当前、干在当下。瞄准"十四五"时期任务目标，努力打造交通强国全交通领域、全产业链综合试点单位，加快建设"人民满意、保障有力、世界前列交通强国"的中交样本。锚定2035年远景目标，落实《国家综合立体交通网规划纲要》，在助力完善综合立体交通网等方面持续攻坚发力，确保交通强国建设行稳致远。

坚持协同高效。成立交通强国建设试点领导小组，统筹指导推进各项工作；下设强国办，科技数字化部承担办公室日常工作，组织试点任务的推进和实施落地。六大试点任务牵头单位主动担当，负责任务内资

---

① 坚持党的领导、坚持服务大局、坚持远近结合、坚持协同高效。

源的协同和成果总结、推广等工作。各参与单位服从大局、主动配合，做好任务细化执行、资源配置、成果汇集报送工作。总部各部门、事业部根据部门职责提供支撑保障，给予业务指导，确保集团上下联动、横向互通，协同高效推动试点工作落实落细。

# 第二节 支撑区域发展

中交集团统筹优化国内市场布局，牢固树立"市场为大、市场为先"理念，抓关键、优布局、拓深度，加强区域发展政策研判和区域市场前景分析，聚焦国内重要区域、重点项目和重大市场，加强央地合作、助力东部率先发展、西部大开发、中部崛起以及东北振兴等国家重大战略，围绕"大城市、大交通"领域，深度参与区域交通基础设施建设，助力交通一体化加快推进。

## 一、聚焦东部地区率先发展

中交集团始终聚焦先进制造业集群和示范区建设，服务东部地区率先发展进程。围绕培育世界级先进制造业集群要求，利用东部地区创新和资源要素集聚优势，加快装备制造业务在东部地区集中布局和集约化发展；围绕深圳中国特色社会主义先行示范区、浦东社会主义现代化建设引领区、浙江高质量发展建设共同富裕示范区、山东新旧动能转换综合试验区建设，创造性跟进开拓城市综合片区开发市场。

同时，中交集团聚焦国家"两新一重"[1]项目，深度服务京津冀协同发展、长三角一体化发展、粤港澳大湾区建设及海南自贸区建设等国家战略，为促进国家区域协同发展贡献中交力量。

---

[1] "两新"是新型基础设施、新型城镇化，"一重"是交通、水利等重大工程。

1. 京津冀协同发展

中交集团聚焦区域互联互通和产业结构调整，服务京津冀协同发展。围绕疏解北京非首都功能、雄安新区和北京城市副中心建设，以轨道交通、基于港口和航空港的综合交通枢纽项目为重点，推进轨道交通市场开发，加快轨道交通、机场、港口、公路市场的融合发展；充分发挥路港桥等交通建设的卓越优势，聚焦基础设施建设，致力打造"轨道上的京津冀"，建设在津有史以来的单体最大项目——天津地铁11号线一期工程PPP项目；参建的北京至张家口铁路（含崇礼铁路）工程获得国家优质工程金奖，该铁路是2022年北京冬奥会的重要交通保障设施。此外，以城市为中心，中交集团建设涵盖健康医疗、文化教育、居家生活三大服务系统的北京西山燕庐家园，及天津首个大型城市综合开发PPP项目——海河柳林项目等，为促进京津冀协同发展输送源源不断的活力。

2. 长三角一体化发展

长江三角洲区域作为促进我国强劲活跃发展的重要增长级，在国家发展战略中具有重要意义。中交集团深度服务国家战略，深耕长江三角洲区域，积极参与区域内重大交通、基础设施项目建设，为长三角一体化发展贡献力量。围绕区域互联互通建设目标、自贸试验区建设和创新带建设，以轨道交通、港口群一体化建设、基于航空港的综合交通枢纽项目为重点，加快轨道交通市场开发，推动机场、轨道交通、港口、公路市场一体化协同发展。

3. 粤港澳大湾区建设

中交集团深度贯彻国家加强建设粤港澳大湾区的战略，聚焦主责主业优势，积极加强与粤港澳大湾区的对接，深化合作交流，助力完善粤港澳大交通网建设，优化城市空间发展。根据区域交通基础设施优化升级方向，以城际铁路、机场建设升级、港口升级项目为重点，加快轨道交通和机场市场开发，巩固港航市场领先优势；主动参与综合性国家科学中心建设，利用"两廊两点"创新要素集聚效应，汇集产业发展所需产学研创新资源，拓展信息、装备等技术驱动型业务市场。2021年，落地深圳都市圈城际铁路深惠城际大鹏支线工程等轨道交通项目、广西柳州—平南—岑溪公路（平南至岑溪北段）PPP项目等高速公路项目、中山市未达标水体综合整治工程等生态环保项目、惠州博罗智能制造供应链与工业服务项目等一批大城市项目。此外，在城市综合开发、市政道路、房屋建设、流域治理、港口与航道等领域，中标香港北部都会区港深创新及科技园工程等多个项目。截至2021年，中交集团在广东、广西区域新签合同额达1921亿元。

4. 海南自贸区建设

海南是我国最大的经济特区，地理位置独特，拥有全国最好的生态环境，同时又是相对独立的地理单元，具有成为全国改革开放试验田的独特优势。中交集团主动融入海南自贸区建设，积极参与海南交通基础设施建设、城市更新和江河湖海治理，成长为支持海南经济社会发展的重要力量。中交集团承建了海南绝大部分的港口、码头、公路、桥梁项目，累计参与海南各类项目超1500项，多个项目开创了国内、省内第一。"十三五"期间，中交集团在海南新签合同额超1300亿元，纳税总额超33亿元，直接创造就业岗位超10万个。

> **海南海文大桥——中国首座跨越地震活动断层的跨海大桥**
>
> 2019年3月18日，国内首座跨越地震活动断层的特大桥——海南海文大桥建成通车，将文昌铺前镇到海口的车程由1小时30分钟缩短至20分钟。
>
> 中交集团作为海文大桥的建设方，发扬逢山开路、遇水搭桥的精神，突破了国内无法在极震区、跨越活动断层带建设特大桥的技术难题，解决了强台风区的桥梁永久结构安全和施工安全问题，充分展示了强大的技术实力。作为"海澄文"经济圈的交通控制性工程、"珍珠项链"环岛旅游公路的重要节点，海文大桥推动了海口江东新区互联互通和琼北区域协调发展，对建设美好新海南、海南自由贸易试验区和中国特色自由贸易港具有重要意义。

## 二、助力西部地区开发

中国西部地区地域广阔，西部地区发展不平衡、不充分的问题关乎国家总体发展。中交集团积极响应西部大开发战略，聚焦西部大通道建设和西部城市圈（群）建设，服务西部大开发，围绕新疆建设"三基地一通道"①、西藏面向南亚开放大通道建设等，以公路、轨道交通、机场项目为重点，开发西部交通基础设施建设市场；围绕成渝双城经济圈、关中平原城市群建设，加速西部地区房地产、市政、建筑市场开发。

---

① 大型油气生产加工和储备基地、大型煤炭煤电煤化工基地、大型风电基地、国家能源资源陆上大通道。

> **穿越"死亡之海"——新疆乌尉公路尉犁至若羌高速公路试通车**
>
> 新疆乌尉公路包PPP项目位于"新丝绸之路经济带"新疆境内核心区域，线路总长1305千米，是国内在建最大的PPP项目。其中，尉犁至若羌高速公路穿越塔克拉玛干沙漠，是整个乌尉公路包项目施工条件最艰苦的段落之一。中交集团经受住了路基最大的"天敌"——盐渍土的极大考验，克服了混凝土质量、立柱养护等难题，在沿线种植草方格防沙障2358万平方米，栽植芦苇栅栏291千米，用"中国魔方"在公路沿线筑起了一道防沙屏障，有效抑制了沙漠的外拓发展。2021年12月30日，尉犁至若羌段公路交工试通车，中交集团打赢了这场沙漠里的质量保卫战，给新疆人民交上了一份满意的答卷。

## 三、服务中部地区崛起

中部地区承东启西、连南接北，资源丰富，交通发达，产业基础较好，文化底蕴深厚，发展潜力很大。中交集团一直以来视中部地区为拓市场、求合作、谋发展的战略要地，"十三五"期间在中部投资建设项目2000余个，金额达4000亿元，涵盖公路桥梁、城市开发、生态环保等多个领域。作为与中部地区休戚与共、命运相连的战略合作伙伴，中交集团充分发挥自身优势，聚焦现代化，打造综合立体交通网；聚焦数字化，打造科技创新策源地；聚焦国际化，打造内陆高水平开放新高地；聚焦生态化，打造绿色发展的美丽中部。

> **千里汉江第一隧——湖北省襄阳东西轴线项目**
>
> 襄阳市东西轴线道路工程鱼梁洲过江隧道，隧道全长5400米，其中沉管段长1011米，由沉管隧道（汉江段）+明挖暗埋隧道（鱼梁洲段）组成，是首条全产业链国产化沉管隧道，也是国内总体建设规模最大的内河沉管隧道。项目位于汉江中游的湖北省襄阳市，是襄阳市东西轴线跨越汉江段的重要组成部分，按双向六车道城市快速路标准建设。为克服工程建设面临强冲刷、深厚强透水地层、防洪要求高、航道等级低、沉管浮运安装施工船舶受限等工程难点，中交集团建设者国内首创沉管整体式全断面顺浇法，首次提出装配式端封门结构，并将自主研发的国产GINA止水带使用于沉管隧道建设，打破了国外垄断。项目的成功建设，实现了我国沉管隧道建设全产业链国产化，拓展了沉管法隧道修建的地域和水域，对引领我国内河沉管隧道技术发展和助推沉管法隧道建设具有重要意义。项目建成通车后，必将大大促进区域经济发展，提升襄阳的区域影响力，助力襄阳打造省域副中心城市。

## 四、支持东北全面振兴

中交集团积极践行东北振兴战略，在东北三省一区这片沃土上栉风沐雨、砥砺前进。"十三五"期间，中交集团在东北区域实现新签合同额2754亿元，项目涵盖了公路、港口码头、围垦造地、市政工程、城镇开发、轨道交通等多个业务领域。相继建设的鹤大、临白、松通、长余等高速公路项目，打通了"东北振兴"大动脉；建设的哈大高铁、哈尔滨地铁、大连湾海底隧道、大连地铁5号线等重大项目，为地区经济发展注入了新动能。

> **打造原创技术"策源地"——大连湾海底隧道和光明路延伸工程**
>
> 大连湾海底隧道和光明路延伸工程位于我国东北亚国际航运中心、国际物流中心的大连主城区,全长12.1千米,其中海底隧道段全长5.1千米,光明路延伸工程全长7千米。该项目是我国北方地区首条跨海沉管隧道,是以PPP模式实施的重大民生项目,也是东北地区进入财政部PPP项目库单体投资额最大的市政基础设施项目。作为我国北方首条大型跨海沉管隧道,中交集团克服关键技术"卡脖子"难题,着力于打造中国沉管隧道原创技术的"策源地",成功研发了碎石基床全漂浮式整平、沉管安装信息化智慧管理云平台、"顶进节段法"最终接头、水下线缆插座国产化改造等首创技术,刷新了"40天安装3节沉管""12个月安装12节沉管""20个月安装18节沉管"和"单节沉管安装时间最短"等多项行业纪录,创造了世界跨海沉管隧道建设领域的"中国速度"和"中国效率",2022年9月29日,大连湾海底隧道实现贯通,中交集团实现了沉管隧道关键技术国产化,在建设中国沉管隧道现代产业链"链长"单位的道路上再次迈出坚实的一步。

## 第三节 描绘美丽中国

党的十八大以来,以习近平同志为核心的党中央,将生态文明理念和生态文明建设写入宪法,纳入中国特色社会主义总体布局,将美丽中国建设作为全面建设社会主义现代化国家的重要内容。习近平总书记对生态文明建设的战略性思考、规律性认识,为推动美丽中国建设锚定坐标、指引航向,已成为党治国理政的重要理念。在习近平生态文明思想的科学指引下,中交集团从百年发展历程中汲取前行的智慧和力量,在不懈求索与创新实践中砥砺为党分忧、为国尽责、为民解难,积极行动、

## 中交集团：愿景驱动型社会责任管理

奋发有为，为打造青山常在、绿水长流、空气常新的美丽中国，在生态系统治理、践行绿色低碳、应对气候变化及保护生物多样性方面提供"中交方案"，书写"中交答卷"。

### 一、生态系统治理

中交集团积极践行"绿水青山就是金山银山"的发展理念，深耕"一淀三河三江四湖"① 等流域治理综合开发项目，围绕探索创新建设理念和探索创新支撑体系打造流域治理的"中交方案"。

探索创新建设理念。在浙江嘉兴南湖水环境修复项目中率先提出"以水养草""以草养水"的生态修复理念，通过在南湖水底打造"水下森林"系统解决水体浑浊、水生态系统脆弱等问题，重现南湖昔日美景。在四川成都锦江绿道建设及水生态治理项目率先制定"治水、筑景、添绿、畅行、成势"的生态治理理念，将锦江流域打造成含夜游锦江、光影长廊、江滩公园在内的文旅新地标，总体谋划和工作成效得到相关领导的肯定。此外，永定河流域综合治理等一大批公益性项目陆续在河北、北京、天津落地实施，助力京津冀三地沿岸百姓共赏河畔美景。位于黄河"几"字湾内蒙古段的乌梁素海流域，是我国"两屏三带"② 生态安全战略格局中"北方防沙带"的重要组成部分，是关系到黄河中下游水生态安全的重要节点。中交集团积极响应黄河流域生态环境治理号召，组成治理团队开赴乌梁素海，参与乌梁素海试验区的治理。两年来，建设者们以改善乌梁素海水环境问题为核心，围绕矿山、湖泊、林草、农田等生态要素，通过水环境综合治理、矿山地质环境综合整治等方式，开展整体保护、系统修复、综合治理，完成了试验区的修复，让"塞外

---

① 白洋淀、永定河、汾河、蓟运河、锦江、沱江、南盘江、抚仙湖、杞麓湖、异龙湖、星云湖。
② 青藏高原生态屏障、黄土高原—川滇生态屏障、东北森林带、北方防沙带、南方丘陵山地带。

都江堰"重新焕发勃勃生机。

探索创新支撑体系。充分发挥优势特色，围绕所属中交疏浚、碧水源等单位主营业务，制定"优先江河湖海"的战略支撑体系；以世界最大、全国唯一的环保疏浚技术装备国家工程研究中心，多个国家级工程研究中心、技术中心、实验室为依托，构建流域治理的技术支撑体系；组织国内顶级专家团队、策划咨询团队、战略合作团队、行业协会组织和金融机构组成"五位一体"的资源保障体系，为发展流域综合治理业务提供有力支撑。

---

**助力实施"百漾千河"工程，建设南浔"水乡综合体"**

湖州市南浔区"百漾千河"综合治理PPP项目是中交集团投资的首个流域治理项目。该项目位于浙江省湖州市南浔区，分布在南浔区10个乡镇范围内，面积约702平方千米，总投资22.2亿元，涉及83个美丽乡村、5条骨干河道和20个湖漾的综合治理，包含堤防护岸、河道清淤、景观绿化、防汛道路、桥梁工程、闸站工程等108个施工子项目。项目实施过程中，编制发布《投资建设项目标准化管理指引》五大板块之一的流域治理工程板块，并编制完成《百漾千河工程标准化管理手册》。湖州市还以项目为依托，发布两部地方标准规范——《平原区幸福河湖建设规范》和《平原区幸福河湖评价规范》，成为浙江省首套幸福河湖建设及评价的地方标准规范，也是全国率先制定的幸福河湖地方标准规范。

中交集团助力南浔区实施"百漾千河"工程，大力建设南浔水乡综合体，构建"安全河、生态河、智慧河、财富河、民生河"现代化大河网，全面提升河流生态环境品质，构建全域幸福河湖体系，为浙江省幸福河湖建设提供了有益的经验。

## 二、守护绿水青山

中交集团积极践行"生态优先、绿色低碳"的发展理念，努力在推动企业低碳可持续发展上先行示范，围绕始终坚持绿色施工和始终坚持绿色转型，打造绿色低碳的"中交方案"。

始终坚持绿色施工。作为最早开展绿色示范项目推广工作的央企，连续推出了"煤改气""油改气"、分布式风光互补发电、装配式建筑等143项绿色示范项目，总结出91项节能技术，完成节能环保技改项目1000余项。其中，11项技术入选《国家重点节能低碳技术推广目录》，14项技术入选《交通运输部重点节能低碳技术推广目录》，9个项目获得"交通运输部绿色循环低碳示范项目"称号，9个项目荣获"全国建筑业绿色施工示范工程"奖项。

始终坚持绿色转型。深刻把握绿色转型带来的巨大发展机遇，先后开展海水淡化、固废处理、海上风电等清洁能源和环境保护业务。参与雄安新区"千年秀林"建设和生态环境治理，建设我国首个大型海上风电项目——东海大桥海上风电项目，中标中国香港40亿美元垃圾焚烧发电项目。同时，将节能降耗和资源再利用作为重要的研发方向，打造减污降碳协同治理的全生命周期减碳模式，自主研发的"振动膜生物反应器污水深度处理集成装备"入选《国家鼓励发展的重大环保技术装备目录》。2021年，中标北京2022年冬奥会及冬残奥会延庆赛区临时设施项目集成服务（一标段）项目，负责为延庆赛区国家高山滑雪中心设计和建设临时设施。设计团队秉持绿色办奥理念，提出可持续再利用的集装箱创新实施方案，研发包括集装箱专业技术用房、普通用房及集装箱移动卫生间、无障碍卫生间、生态处理舱等集装箱定制产品。在参与制定集装箱等临时设施技术标准工作的基础上，提出"赛前技术标准—赛时运维保障—赛后可持续再利用"的冬奥集装箱"全周期可持续"创新实施方案，利用集装箱装配化、模块化的产品设计理念，实现施工提质增效。冬奥可持续集装箱产品被列入科技部 2021 年国家重点研发计划"科技冬奥"重点专项，并顺利完成全部施工任务，以优异产品、可持续理念积极践行绿色办奥理念，为北京冬奥会呈上了一份满意的答卷。图 3-2 为中交集团参与建设的雄安新区"千年秀林"工程。

图 3-2 中交集团参与建设的雄安新区"千年秀林"工程

## 三、应对气候变化

中交集团深入贯彻习近平生态文明思想，以碳达峰、碳中和目标为引领，以减污降碳协同增效为总抓手，充分发挥大交通、大城市和江河湖海全产业链优势，坚持社会经济效益和生态环保效益相结合、传统产业升级和绿色产业发展相结合、企业生产活动和自然和谐发展相结合，致力成为交通行业绿色标准的科学制定者、自主核心技术的创新领跑者、绿色低碳基础设施转型升级的示范带动者，为实现国家碳达峰、碳中和目标贡献力量。图 3-3 为中交集团参与建设的全球首个"智慧零碳"码头——天津港北疆港区 C 段智能化集装箱码头。

图 3-3 天津港北疆港区 C 段智能化集装箱码头

### 中交集团"11568"绿色发展工作路径

"实现一个愿景",致力成为世界一流交通基础设施建设领域全生命周期绿色低碳发展引领者。

"聚焦一个目标",聚焦重点业务领域碳排放强度大幅下降。

"布局五大领域",着重布局绿色产业、技术装备、绿色金融、碳资产管理、绿色管理与服务等领域,形成全面统筹协调发展的良好局面。

"构建六大体系",持续构建完善战略规划、标准规范、技术创新、产业布局、绿色金融、碳资产管理等体系,支撑企业高质量发展。

"实施八项行动",重点实施顶层规划引领、基础设施绿色低碳转型、绿色新兴产业拓展、绿色低碳装备研发制造、科技创新驱动发展、碳资产管理与交易试点、全球绿色发展升级和节能减排管理提升等专项行动,保障企业绿色低碳发展目标的实现,示范引领行业绿色低碳发展。

## 四、保护生物多样性

中交集团在经营范围内积极实施迁徙地保护、海洋保护、生物多样性保护等方面的实践。在项目启动建设前，开展对项目属地生态环境的影响评估、环境基准调查和意见征询等工作，并向当地政府和社区通报评估和调查结果；在项目施工阶段，回避生态功能敏感区域，主动采取措施优化施工方案，合理安排施工期，避免对生态系统产生重大影响；项目建设完成后，及时开展生态修复，保护当地生态环境和生物多样性。中交集团施工的港珠澳大桥珠澳口岸人工岛工程正好位于国家一级濒危保护动物中华白海豚的栖息地。为保护珠江口生态环境和珍贵的保护动物，来自中交集团的建设者们多次组织人员参加珠江口中华白海豚保护专题培训，制定了《试挖槽施工安全及环保措施》《试挖槽开挖中华白海豚保护措施》，改进施工方案，加强对预案和措施的过程控制。施工过程中未发生任何安全和环境污染事故，较好地保护了中华白海豚的生存环境。

## 第四节　助力乡村振兴

党的十八大以来，以习近平同志为核心的党中央坚持把解决好"三农"问题作为全党工作的重中之重，全面打赢脱贫攻坚战，启动实施乡村振兴战略，农业农村发展取得历史性成就、发生历史性变革。中交集团认真贯彻落实习近平总书记关于"三农"工作的重要论述，积极发挥自身交通基础设施建设全产业链优势，在全领域推动乡村振兴和定点帮扶助力乡村振兴中贡献中交力量。

### 一、全领域推动乡村振兴

中交集团认真落实中共中央办公厅、国务院办公厅印发的《乡村建设行动实施方案》，扎实推进乡村建设行动，不断提升乡村宜居宜业水平。中交集团鼓励所属单位以市场化方式，广泛参与乡村四大领域建设，以更大的力度、更广的范围助力乡村振兴。一是鼓励参与乡村基础设施领域建设，包括乡村休闲农业、旅游康养、乡村物流等基础设施和配套建设。二是鼓励参与乡村人居环境领域建设，包括农村人居环境综合整治、乡村生态系统保护和修复重大工程等。三是鼓励参与农业现代化领域建设，包括装配式立体农业和智能温棚建设、海上粮仓建设等。四是鼓励参与乡村产业服务化领域建设，包括农业农村产业园投资、建设和运营，休闲农业与乡村旅游开发、特色小镇建设等。

党的十九大以来，中交集团实施了 200 余个市场化乡村振兴项目，合同规模达 460 多亿元，业务范围涉及农村基础设施、乡村人居环境、农业现代化、乡村产业服务化等多个领域，项目类型涵盖交通道路、市政房建、水利水务、生态环保、桥梁工程、固废处理等多个类别，打造了一系列有影响力的项目，彰显作为大型国企服务国家战略的责任与担当。实施红色旅游资源开发项目，积极与宁德市委开展党建结对共建，帮助宁德市寿宁县下党乡开发红色旅游资源，培育坦洋工夫茶等农产品特色产业。将"清新福建·难忘下党"旅游新业态和"下乡的味道"农产品公共品牌，打造为乡村振兴的"闽东模式"和"下党＋央企样本"，助力下党乡成为全国新时期红色党建和红色旅游新地标。实施革命老区乡村建设项目，将江西省赣州市寻乌县革命老区打造成花卉产业综合体，建设国家 5A 旅游景区，探索传统红色革命老区乡村建设之路。实施乡村固废处理项目，投建江苏泗洪县乡镇及村居污水处理项目，共建成 130 座污水处理设施，累计建设污水管网 439 千米，总处理规模 3.85 万吨/日，被住建部确定为全国农村生活污水治理示范县。

## 二、定点帮扶助力乡村振兴

脱贫攻坚期间，中交集团深入贯彻落实习近平总书记关于扶贫开发工作的重要讲话和指示精神，全面落实党中央和国务院国资委有关决策部署，坚持精准扶贫精准脱贫基本方略，高质量助力云南怒江州泸水市、兰坪县、福贡县、贡山县及新疆英吉沙县5个定点帮扶地区顺利实现脱贫摘帽。中交集团制定《中交集团帮扶定点扶贫县脱贫攻坚三年行动计划（2018—2020年)》《中交集团脱贫攻坚工作任务分工》等相关文件，明确行动目标、细化任务分工、量化时间节点，建立长短结合、标本兼治的帮扶长效机制，形成合力攻坚的"中交扶贫大格局"。三年脱贫攻坚时期（2018—2020年)，中交集团依托主业、精准施策，投入扶贫资金6.37亿元，选派扶贫挂职干部16名，培训基层干部和技术人员3515名，采购和帮助销售农产品2140万元，帮助5个定点帮扶地区39.7万贫困人口全部脱贫、366个贫困村全部出列，连续三年获得中央单位定点扶贫成效考核"好"的评价等次，多次荣获云南省和新疆喀什地区"扶贫明星企业""扶贫先进单位"称号，并于2021年获得"全国脱贫攻坚先进集体"称号。

在全面助力5个定点帮扶地区完成脱贫摘帽任务后，中交集团紧紧围绕巩固拓展脱贫攻坚成果同乡村振兴有效衔接的目标，主动提高政治站位，把学习贯彻习近平总书记关于乡村振兴工作的重要讲话和指示批示精神作为党委会"第一议题"和理论学习中心组学习的重要内容，确保各项工作沿着习近平总书记指引的方向前进。着力完善顶层设计，形成"351"乡村振兴工作体系；深化打造特色品牌，聚焦为政府分忧、为公众解难、为社会办实事，在助力乡村振兴中擦亮"中交助梦"责任品牌，展现社会赞誉的科技型、管理型、质量型世界一流企业形象，得到社会各界的关注和认可。中交集团受邀参加全国东西部协作和中央单位定点帮扶工作推进电视电话会议并代表中央企业发言，获得与会的国务院领导同志高度肯定；荣获政府慈善领域最高奖项——第十一届"中华慈善奖"；2021年蝉联中央单位定点帮扶工作成效考核"好"的评价；乡村振兴多个典型案例先发布于党史学习教育官网，而后刊登于国家乡村振兴局《乡村振兴简报》等官方媒体。

---

**中交集团"351"乡村振兴工作体系**

"3"即坚持三大原则。

坚持以人为本原则，注重脱贫人口奋斗意识和素质能力的提升，突出中交集团定点帮扶的"人文情怀"与"帮扶温度"。

坚持可持续原则，持续关注过往投入项目，确保其发挥应有作用；立足当地资源禀赋，帮助发展特色产业，增强脱贫人群的内生发展动力，促进帮扶由"输血"向"造血"转变。

坚持可示范原则，对照乡村振兴工作要求，选取若干个资源条件较好、易于打造的项目，集中资源打造乡村振兴示范点，培育一批叫得响、品牌好、可复制的乡村振兴典范。

"5"即健全五大体系。

健全责任体系，全面落实总部决策部署、二级单位落实、挂职干部执行的三级联动责任体系。

健全目标体系，锚定巩固脱贫攻坚成果、实现乡村全面振兴重要任务，制订年度工作计划，签订定点帮扶责任书，明确目标和责任。

健全制度体系，完善定点帮扶工作管理办法和帮扶项目监管规定等，确保定点帮扶工作不断档、力度不减弱。

健全宣传体系，通过主流媒体和自有媒体阵地等，多视角、多维度展示定点帮扶生动实践，营造全员关注、支持、参与的良好氛围，进一步提升中交品牌和中交形象。

健全考评体系，定期开展督导检查和成效考评工作，督促各单位将定点帮扶与相关工作一盘棋考虑、一体化推进。

"1"即培育打造"中交助梦"责任品牌。

紧紧围绕教育、就业、产业、生态等领域，开展以定点帮扶为核心内容的"中交助梦"系列行动，培育"中交助梦"责任品牌，彰显履责形象。

1. 乡村产业振兴

中交集团定点帮扶地区包括曾经深度贫困的"三区三州"中的云南省怒江州及新疆维吾尔自治区英吉沙县,虽然在脱贫攻坚期间种植业、养殖业、加工服务业都取得了一定的进展,但产业基础整体上仍然较为薄弱。中交集团坚持以产业帮扶促进乡村振兴,帮助当地群众强信心、谋发展。

发挥主业优势,打造示范园区。立足全球领先的特大型基础设施综合服务商这一主业优势,设立1200万元产业发展基金,创新采用"总部引领、分园辐射、村集体合作"模式,联动地方政府、金融机构、行业主管单位及各下属公司,"一盘棋"打造中交怒江建筑产业园,成功吸引一批建筑企业入驻,促进群众就地就近就业和村集体增收。过程中,与农行怒江州分行合作设立1.2亿元"筑业贷",有效解决入园企业融资难、融资贵问题。同时,要求所属11家企业同等条件下优先与入园企业开展合作,为其做大做强提供保障。截至2022年6月,产业园累计吸引371家企业入驻,吸纳就业1100余人,实现产值21.13亿元、入库税收2772万元,带动怒江州建筑业总产值增速排名云南省第一。

结合地方特色,发展立体产业。怒江州地处亚热带,适宜水果和农作物种植,且文化资源与旅游资源相对丰富,中交集团在大力发展建筑产业的同时,帮助地方立体化发展特色产业。提供超3亿元资金建设怒江香料产业园、发展峡谷特色香料产业,提供超千万元资金援建独龙江草果烘干厂,促进"怒江乡味"畅销全国;连续5年支持举办"中国交建杯"怒江皮划艇野水公开赛,这一体育赛事品牌获得国内外广泛关注;投资近亿元建设运营伊拉米拉云居酒店,接待外来游客游览贡山县"人神共居"美好风光。在英吉沙县,大力支持纺织服装业发展,近两年组织所属单位订购工装约12万套、校服近20万套,订购金额超

2000万元，带动当地40多个卫星工厂、1500余名脱贫人口蹚出产业发展的新路径。

拓宽增收渠道，共享产业红利。在火龙果种植等特色产业项目中，坚持将80%的股份分红返还村集体和入股村民，最大范围让当地群众分享发展红利；用好"情系怒江·青春扶贫在行动"、央企消费帮扶兴农周等平台载体，帮助泸水市阿客哆咪咖啡、福贡县石月亮红茶、贡山县羊肚菌、兰坪县金丝皇菊等农特产品畅通营销渠道，助力打造"一县一业"特色品牌；积极组织开展消费帮扶，近两年购买和帮助销售定点帮扶地区农产品超2500万元，广泛推动帮扶产品进工会、进食堂、进项目、进家庭，积极引导合作伙伴及职工个人采购，汇聚惠农兴农强大合力。

2. 乡村人才振兴

乡村振兴，关键在人、关键在干；要吸引各类人才在乡村振兴中建功立业。中交集团帮扶的5个定点帮扶地区教育水平相对落后，有的县居民平均受教育年限仅4~6年，远低于全国平均水平，人力资源匮乏。中交集团紧紧抓住"人"这个关键因素，依靠人才激活乡村振兴内生动力。

保持"送才"力度。每隔两年即选派1名二级单位（或总部部门）正职接替挂职怒江州委常委、副州长，并在全集团范围内选派4名干部挂职县委常委（副县长）分管或协管乡村振兴工作，选派4名干部挂职驻村第一书记。同时，为每名驻村第一书记提供300万元支持美丽乡村建设，并要求所属企业落实挂职干部工资福利待遇，完善挂职期间业绩档案，表现突出的挂职干部优先提拔使用。

扩大"育才"范围。出资3.6亿元援建兰坪新时代希望学校、泸水新时代希望学校、贡山县茨开镇新时代幼儿园、英吉沙特殊学校等10多所学校（幼儿园），打造特色"中交班""中交实验室"等，与云南师范大学联合开展"中交委托培养班",并设立学生助学金、奖学金,激励学生发奋学习、回报家乡;引进韬奋基金会、国家海洋基金会,向5个定点帮扶地区的中小学捐赠图书500余万册,让帮扶地区学生"读好书、好读书";心系师资队伍,与教育部教师司联合实施教师素质提升项目,设立教师素质提升基金,定期为怒江州中小学、幼儿园优秀校(园)长、学科骨干教师安排系统培训,助力打造高质量乡村教师队伍;广泛培养乡村振兴人才,近两年联合5个定点帮扶地区组织部门及浙江、上海等发达地区师资力量,培训基层干部2157名、乡村振兴带头人102名、技术人员2377名,帮助解放思想,提升素质,增强带头致富本领。

提高"用才"质量。出资1600万元打造怒江州建设行业培训考核中心,并联合怒江开放学院开设土木工程等专业培训班,为学员提供技能培训、资质取证、劳动就业等服务。在成功取证后,及时组织所属企业及怒江建筑产业园入园企业开展招聘,帮助广大学员就业"圆梦"。目前,已成功培训电焊工、架子工、建筑安全管理人员等各类产业工人1000余人,考核发证率达到95%,在满足当地用工需求的基础上,向浙江等省份转移劳动力900余人。

3. 乡村文化振兴

乡村不仅要塑形,更要铸魂;要开展形式多样的群众文化活动,孕育农村社会好风尚。中交集团对口帮扶地区部分少数民族村原有文化设施基础薄弱,村民文化生活单一。中交集团聚焦"文化"这个本源,协力推进移风易俗,建设文明乡风。

兴建文化设施。支持怒江州北甸村、秋那桶村等建设村史馆、图书长廊、桥梁博物馆、特色民族文化村(街)、村民文化活动广场、文化活动中心等文化设施,以村史传承延续乡村文化,以文化振兴广泛凝聚人心。同时,将一个个村落文化设施精心打造成"网红"打卡地,在做大文化阵地的同时，带动当地旅游业发展；落实"文化润疆"要求，为英吉沙县198个村配备投影仪、音响等设备，提升村级文化阵地服务能力，丰富基层群众精神文化生活。

助力文化传承。驻村党支部第一书记充分发掘乡村传统文化的底蕴、精神和价值，为其赋予新时代内涵，并采用群众喜闻乐见的方式让优秀文化入脑入心，增强乡村文化软实力。积极开展民族文化传承活动，如文化节、体育节、舞台剧等。援助福贡县米俄洛村组建乡村文化队，围绕传承傈僳族民族文化，编排石月亮传奇故事舞台剧，直观展现少数民族文化特色，得到当地群众和外来游客的赞许。

推进移风易俗。拨付100万元，支持怒江州委宣传部总结推广巩固拓展脱贫攻坚成果经验，深入开展爱国主义、集体主义和社会主义教育，深化民族团结进步教育，引导当地群众铭记历史、感党恩情、砥砺前行；利用文化中心开展"每周影院"活动，播放勤劳致富、崇德向善等各类影片，寓教于乐、凝聚共识，引导当地村民从"帮我振兴"到"我要振兴"转变；驻村第一书记主动参与修订村规民约，不断深化"移风易俗"行动，如米俄洛村建立人居环境整治积分奖励制度，将村民的表现与积分挂钩，让"爱干净、讲文明、树新风、护家园"成为每位村民的自觉行动。

4. 乡村生态振兴

改善农村生态环境还处在治存量、遏增量的关口。中交集团始终不渝践行"两山理论"，助力改善农村人居环境，促进宜居宜业。

提升环境品质。以怒江州承办2021年全球生物多样性大会分会场为契机，投入1500万元帮助打造泸水市三河村美丽乡村示范点和福贡县米俄洛村、下棉谷村现代化边境小康示范村，并出资900万元支持泸水市自扁王基村、福贡县米俄洛村、贡山县秋那桶村、兰坪县北甸村等深入开展美丽乡村建设行动，促进乡村面貌焕然一新；出资150万元，为怒江州地质灾害防治工作提供技术支撑、加强遥感监测，可提前预警滑坡、泥石流、山洪等自然灾害。

改善居住条件。驻村第一书记带头推动所在村开展乡村绿化、污水管线改造、房屋外墙粉刷等工作，贡山县秋那桶村积极倡导"种树亦种德，修林如修心"新风尚，组织党员、群众300余人，种植大直径绿化树木60棵、花卉15000余盆，被授予"云南省美丽村庄""云南省卫生村"称号；在英吉沙县投入1270万元开展住房防雨保暖提升改造项目，打造乡村宜居环境，提高村民幸福指数。

推动民生工程。支援怒江州、泸水市高标准建设口腔科、妇产科等专科医院，向贡山县、兰坪县捐赠负压救护车并开展医师能力提升专项行动，守护群众生命健康；支援北甸村推动污水管线改造和厕所革命，减少蚊虫病害滋生，并在水源地保护区内种植绿化，提升人居用水质量；支援古炭河村打造小型田园综合体项目，将设施农业、集约型水产养殖、山水林田湖草景观等统筹规划，满足当地农旅融合发展的需求。

### 中国美丽休闲乡村——吴房村

吴房村是上海市首批规划的9个乡村振兴示范村之一，也是中交集团承建的第一个乡村振兴项目。建设期间，中交集团围绕"产业兴旺、生态宜居、乡风文明、治理有效、生活富裕"的总要求，坚持"以水为脉、以田为底、以林为肌、以路为骨"，围绕"水、田、林、路"四大要素构筑乡村生态基底。通过疏通河道、拆坝建桥、打通断头浜，打造水网格局的江南水乡景观；通过在农田种植桃树、樱花树、梅花树等丰富树种，实现"春有花开、夏有果香、秋有彩叶、冬有翠绿"的季相景观变化；通过采用老石板、卵石、青砖等乡土型材质铺装道路，构建景观优美的乡村道路系统。在对吴房村"农、林、水、田、路、桥、房"的重构中，使历经百年风雨的古老村落在文化传承与再造中焕发出新的生机与活力。吴房村项目已成功摘得"中国美丽休闲乡村"的荣誉。

5. 乡村组织振兴

在怒江州"高山峡谷、三江并流"的自然环境中，居民村落之间相对分散，基层党组织难以实现全面覆盖，作用发挥有待提升。中交集团坚持以深化党建联建共建为抓手，聚力推动党建工作与乡村振兴深度融合。

致力组织共建。中交集团与云南省怒江州党委签订《基层党建结对共建框架协议》，明确双方各选取40个基层党组织结成共建关系、同过组织生活，要求集团所属基层党组织重点加强对结对党组织党建活动阵地建设的指导和支持，帮助其规范开展党建活动，切实提升组织力、战斗力、执行力。

致力队伍共抓。中交集团设立300万元奖励基金，支持怒江州委组织部开展"头雁培养"三年行动，帮助打造一支高素质农村支部书记和致富带头人队伍；提供2200万元资金援建独龙江乡村振兴实训基地，为当地培养优秀干部人才夯实基础。

致力资源共享。组织内外部优秀师资力量对当地党员干部进行集中轮训，在政策理论、产业发展、技能提升、综合治理等方面提供一批精品课程，同时持续出资帮助怒江基层干部和乡村振兴带头人走出去开眼界、长见识、强本领；指导秋那桶村实施"智慧党建+数字乡村"建设项目，创新"智慧党建+数字乡村+基层治理"工作体系，为资源共享装上信息化引擎。

致力发展共商。坚持"中央要求、怒江所需、中交所能"原则，结对双方党组织共同商定结对帮扶思路、举措和具体项目，促进怒江经济发展、社会和谐、群众致富。所属三航局三公司建筑工业分公司党支部与上帕镇泽福社区党支部举行"三航福泽心连心·党建共建一家亲"活动，围绕产业扶持、助力就业等5个共建目标进行研讨和策划。

致力作风共促。要求所属基层党组织持续开展"我为群众办实事"

实践活动，帮助解决结对村人民群众的"急难忧怨盼"问题。所属中交生态昆明公司党总支、楚雄党支部为结对党组织送去口罩、免洗手消毒凝胶、疫情防控手册、盒装方便面等新冠肺炎疫情防疫急需物资，积极助力疫情防控；所属振华重工长兴公司党委协助兰坪县委组织部组建中共兰坪县（上海）流动党员支部委员会，为服务云南来沪务工人员打通组织关怀"最后一公里"。

## 第四章

中交助梦、愿升使命

## 第四章 中交助梦、愿升使命

企业使命是新时代下，对企业根本性质与存在目的的重新阐述，为企业确立可持续发展目标及制定响应战略提供依据。如果说企业愿景为企业发展指明了长期的发展目标，那么企业使命则是在企业愿景指引下开展的一系列实践活动。

在"三让"愿景驱动下，中交集团不断推动履责实践做深做实，致力于打造具有全球竞争力的科技型、管理型、质量型世界一流企业，成为"让出资人放心、客户满意、相关利益方信任、经营者安心、员工幸福、社会赞誉"的受人尊敬企业。

# 第一节 打造科技型世界一流企业

科技兴则国家兴，创新强则民族强。为深入实施创新驱动发展战略和全面建设具有全球竞争力的科技型世界一流企业，中交集团坚持科技自立自强，推进科技体制改革，优化激励机制，培育创新生态，促成战略合作，进一步激发广大科技人员的创新活力和动力，更大限度调动全社会创新资源，强化自主创新和融合创新，打造国际化科技强企。

## 一、夯实科技根基

中交集团深化科技体制改革，优化科技创新生态，掌握一批关键核心技术，培育一批顶尖科技人才，打造"中交智造""中交创造"等创新发展引擎，瞄准建设具有全球竞争力的科技型世界一流企业目标，为科技强国注入新动能。

完善顶层架构。成立科技创新暨关键核心技术攻关领导小组，搭建由 40 名院士、专家组成的高端科技智库，增补专家委员会委员，组建青年专家委员会，健全中交集团"1+3"科技创新决策咨询体系；坚持科技创新战略引领，推进形成中交集团"十四五"科技发展规划。

聚焦主业优势。围绕"大交通""大城市"主业优势，聚焦系统性集成创新，汇聚产学研用资源力量，跨领域协同攻关，实施"中交智慧路""中交未来城"等科技工程，创新科技研发模式，打造科技研发的系统性、体系化和集成应用的创新载体。图4-1为中交集团研发的大直径竖向硬岩掘进机"首创号"。

图4-1 大直径竖向硬岩掘进机"首创号"

强化资源保障。将科技创新摆在核心位置，持续加大科研投入，对国家科技重大专项、国家重点研发计划等项目予以配套资金支持；推进科技与金融深度融合，以中交科技创新创业基金赋能科技发展，孵化智慧成果。

管理数字转型。上线运行财务云业财协同系统，实现业财一体化；全面应用运营监控和一体化办公等数字系统；自主研发自动化码头TOS

系统，实现码头全生命周期自主规划、自动运转和智能管理的一站式服务。

## 二、激发创新动能

科技赋能发展，创新决胜未来。中交集团通过建立高效协同的创新体系，搭建科创平台，结合正向激励，实现创新链条有机衔接，培育形成良好的创新环境和氛围。

完善创新管理。形成科技创新全链条的科技管理制度体系，启动重大项目库、科技人才库、平台资源库、重大科技成果"四库"搭建；实施"揭榜挂帅"机制。

> **中交集团首个"揭榜挂帅"科技攻关项目启动**
>
> "揭榜挂帅"机制是中交集团探索科技攻关形式的重大机制改革创新，是推动产业升级的战略举措。
>
> 2021年11月，中交集团2021年"揭榜挂帅"项——"桥梁工业化智能建造关键技术研究及产业化示范（一期）"启动及签约仪式在中交大厦以视频的方式举行。此项目聚焦桥梁工业化智能建造，以桥梁产品工业化升级为核心，在桥梁工业化智能建造核心技术、核心装备、核心软件等方面寻求突破，建立以"工业化、数字化、网络化、智能化"四化协同及"产业链、创新链、价值链"三链融合为特征的桥梁工业化智能建造体系，打造桥梁原创技术策源地和现代产业链"链长"。

打造科创平台。设立第一家企业科学技术协会，与中国科协签署全面战略合作协议；建设国家工程研究中心、外科学观测研究站、国家认定企业技术中心、交通运输行业野外科学观测研究基地、海内外研发中心等创新平台。

构建激励机制。为充分激发科技创新活力，最大限度调动创新创造积极性，中交集团不断加大科技创新奖励力度，积极实施中长期激励政策，如表 4-1 所示。

表 4-1　中交集团科技激励机制

| 激励机制 | 具体做法 |
| --- | --- |
| 加大科技奖励力度 | 设立优秀科技创新企业奖、优秀科技创新团队奖、杰出成就奖、突出贡献奖和创新英才奖等奖项；提高科学技术奖的奖金额度，并单独计算，不占用各单位年度工资总额 |
| 积极实施科技型企业股权和分红激励 | 对集团重点支持行业和战略性新兴产业、价值链高端领域的设计咨询企业和科技型企业，实施岗位分红激励机制；对具有代表性、创新性强、成果转化前景好，能形成示范效应的科研成果，实施项目收益分红激励机制；对改革意愿强、技术创新能力强、高新科技要素突出、研发人员占比高的工程和制造领域科技型企业，探索实施股权激励机制 |
| 推进混合所有制企业员工持股和项目跟投 | 对列入国资委"双百行动""科改示范"的科技型企业和混合所有制改革试点企业优先实施员工持股机制；中交科技创新创业基金支持的项目实行科技骨干跟投机制 |

激发创新活力。积极参加行业科研动态交流研讨活动,参与行业标准编制;开展创新及专项技术培训会;成立中交科技创新创业基金,推动科技与资本双轮驱动,为行业贡献优质创新人才;在每年11月开展"科技月"活动,营造万众创新的浓厚氛围。

保护知识产权。建立知识产权保护制度,制定《知识产权管理办法》,将知识产权风险防范意识贯穿科研与生产经营活动的全过程,高质量发展知识产权工作,促进科技成果转化。

## 三、涵养创新生态

中交集团结合自主创新与协同合作,积极发挥企业创新主体作用,主动汇聚社会各方创新力量,助力营造开放合作的创新生态,以交流促相知,以合作谋共赢,通过不断深化科技战略合作,与合作伙伴携手前行,积极融入国家科技创新大局。

推动科研合作。结合科技发展趋势、国家战略与安全、市场与现场需求,定期公布中交集团重点研发需求清单,与社会各类创新主体联合开展技术攻关。

共享创新资源。形成集应用基础研究、技术研发、成果转化与产业化于一体的涵盖创新链各环节的创新平台集群,面向全社会,开放所有创新平台,供科学研究、人才培养、科普教育和社会服务使用,鼓励社会各界共同参与。

开展国际合作。聚焦现代综合交通、城市开发建设、海洋与水域开发治理、核心装备等关键领域和重点方向,推进"一带一路"科技合作,推动中国技术、标准和核心装备"走出去";布局海外区域研发中心,主动参与全球工程科技创新和科技组织治理。

深化产学研合作。推进高端对接,持续加强战略协同。与清华大学、同济大学等知名高校高质量推进人才培养与科技合作;与清华大学、同济大学等知名高校高质量推进人才培养与科技合作。

# 第二节　打造管理型世界一流企业

管理企业要以企业的整体目标导向为基础。从顶层设计看，中交集团聚焦国家战略定战略、立足国家大局谋发展，始终坚持系统观念，以做强做优做大为目标，按照面向世界、聚焦建设、突出主业、专注专业的发展思路，强化运营管理，为高质量发展筑牢根基。从具体实践看，中交集团持续提升内部管理水平，关注员工的职业成长与幸福生活，以实际行动贡献社区公益，与社区共享发展成果，彰显央企责任担当，打造世界一流的管理型企业。

## 一、规范公司治理

为夯实高质量发展基础，中交集团充分发挥党的全面领导作用，构建权责明确、管理规范的企业法人治理结构，促进公司治理规范透明，恪守商业道德，不断加强风险管理，营造安全健康的发展环境。

### 1. 提升管理水平

中交集团立足党委"把方向、管大局、促落实"，董事会"定战略、作决策、防风险"，经理层"谋经营、抓落实、强管理"定位，厘清各治理主体权责，健全议事规则，推动落实各司其职、各负其责、权责分明、协调运转、有效制衡的公司治理体系。

坚持党的领导。严格落实"两个一以贯之"[①]，建立健全党的领导制度体系，明确党委在决策、执行、监督各环节的权责和工作方式，实

---

① 坚持党对国有企业的领导是重大政治原则，必须一以贯之；建立现代企业制度是国有企业改革的方向，也必须一以贯之。

现党的领导和公司治理有机统一,党管干部、党管人才原则和市场化选人用人有机统一,党组织设置与企业组织架构运行有机统一,思想政治工作与企业文化建设有机统一,党内监督与企业内控机制有机统一,党建责任制考核与经营业绩考核有机统一,真正将党的领导落实到企业改革发展各领域、各方面、各环节。

明晰治理权责。落实董事会职权,加强议案的规范化管理,确保董事会运作质量和效率;发挥经理层的经营管理作用,保障经理层依法行权履职,提高决策效率;建设试点企业董事会、监事会;聘请外部董事和独立董事。

全面合规运营。建立以公司章程为本、以职能模块为基础、以管理事项为基本管理单元的规章制度体系;制定合规行为准则,对合同、招投标、采购、财务税收、投融资、安全质量环保、劳动用工等方面提出合规要求,规范违规举报程序和员工合规承诺;建立海外合规业务管理体系,在符合国际标准、结合国际最佳实践的基础上,将合规运行体系与指导一线业务、实现海外管理提升紧密结合。

2. 保障股东权益

保护公司股东尤其是中小股东权益,是我国《中华人民共和国公司法》(以下简称《公司法》)重要的立法目标之一。根据《公司法》,为了保护股东权益,公司应通过董事会更好地服务股东,增加信息披露方式,为股东及时了解公司经营情况提供有效路径,满足股东的知情权。中交集团以权责分明的董事会结构为基础,结合互联网手段增进与投资者间的互动关系,确保信息披露的真实性、准确性、完整性和及时性,为投资者参与公司治理营造出开放可及的良好氛围。

加强董事会履责表现。通过聘请外部董事和独立董事,维护中小股东及其他利益相关方权益;组织新任董事参加任职资格培训,开展外部董事境内外调研,及时提供董事履职所需信息,确保董事会切实有效履行公司章程赋予的职责。

提升信息披露质量。针对生产经营数据信息、债务融资工具及其他重大信息内容和内幕信息制定信息披露管理办法，对定期报告信息披露的重大差错制定责任追究制度；在上海证券交易所、香港联合交易所、公司官方网站、上市地指定刊物及时准确推送法定和自愿性信息，揭示行业经营性风险。

加强市场良性互动。制定投资者关系管理办法，实施"互联网+管理"投资者关系模式，通过"在线直播+电话+网上路演"的方式举办年度及半年度业绩说明会；通过投资者热线、IR邮箱、中英文网站投资者关系栏目、上证E互动平台、反向路演等方式，回应投资者关注的问题，利用微信平台等网络媒介，传递业绩信息，扩大投资者关系管理受众群体。

3. 加强合规建设

市场经济是法制经济、信用经济，依法经营、诚实守信是市场经济的必然要求，也是企业最基本的社会责任。中交集团遵守法律法规、社会公德、商业道德及行业规则，保护知识产权，忠实履行合同，恪守商业信用，反对不正当竞争，杜绝商业活动中的腐败行为。

作为知名的国际承包商，中交集团一贯坚守"重诺守信、感恩图报"的企业道德，聚力打造覆盖整个国际业务范围的合规体系，做到行业领先，以此展现对商业道德的重视和坚持。

建立合规体系。确保在员工行为、第三方关系、采购、投标、合同、招待、捐赠和赞助、支付等领域中遵守国际标准和现行法律；遵守建设部《建筑市场诚信行为信息管理办法》，规范建筑市场秩序、健全建筑市场诚信体系、营造诚实守信的市场环境；依法批露和提供真实全面的涉税财务信息。

持续监督整改。在大宗物资采购、工程分包、招投标等重点环节和海外工程等重点领域，及时组织开展大规模的自查自纠及"回头看"活动，针对查出的经营管理过程中易发生问题的危险点和制度缺陷，及时整改，堵塞漏洞，完善制度，形成涵盖中交集团经营管理重要决策、执行监督过程的制度体系。

贯彻反腐行动。严肃整顿内部腐败、贿赂的不良风气。自2006年开展商业贿赂专项治理工作以来，中交集团上下均签订《党风廉政建设责任书》，以细化主体责任、监督责任的具体任务，并制定信访举报工作规程。

增强意识宣传。开展"学党规、明法纪、守纪律、讲规矩"主题宣教月活动，征集优秀廉洁漫画、拍摄廉洁微电影，开通纪检监察短信平台，在重要时间节点对党员干部进行廉洁提醒。

4. 强化风险管理

中交集团从全面风险识别、评估入手，基于管理制度、管理职责、业务管控需要，持续强化顶层设计、优化流程管理、加强过程监管，充分识别风险并加强管控，真正将风险管理和内控工作嵌入到具体工作和业务流控。

健全管控体系。全面强化风险防控体系建设，高质量开展法律风险防控规划、制度"立改废"、管理考核评价与规章制度的法律审核，提升依法治企能力；加强合同管理，高质量完成合同、项目的法律审核，将风险评估嵌入重大投资项目审核流程，推行年度风险管理报告制度；强化在投资项目、深化改革、依法治理等方面的法律支撑，完善商标管理，加强纠纷管理，开展纠纷案件"压存控增，提质创效"专项行动。

提升风控能力。围绕集团主营业务板块逐条梳理风险事项，形成风险管理清单；深化重大专项风险管理，开展海外反腐败、长臂管辖、出口管制等法律研究，针对重大风险事项编制专项分析报告，并形成应对预案；聚焦日常法治、合规与风险管理需要，推动普法工作，深化风险管控人才队伍建设，多措并举开展法治、合规与风险管理培训，提升业务人员风险管控能力。

强化审计监督。不断完善"党管审计"的体制机制，创新审计方式方法，加快构建集中统一、权威高效的审计工作体系；聚焦推进落实国家重大战略，围绕打赢"三大攻坚战"、落实中央八项规定精神、民企清欠等重点工作开展审计监督，坚持应审尽审、凡审必严；聚焦改革发展关键领域，针对转型升级、提质增效、改革攻坚、科技创新等重点工作，集中开展专项审计；聚焦防范化解重大风险，及时揭示在生产经营、合规管理、安全生产等方面存在的重大风险隐患，形成风险识别、分析、处置的管理闭环，以高质量监督为高质量可持续发展保驾护航。

## 二、完善员工管理

企业和组织的管理成果分享对象大致可以分为两类，即内部利益相关方和外部利益相关方，其中内部利益相关方主要指员工。企业和组织在经营管理过程中考虑到对员工履责，不仅可以为企业降低风险，更好地整合资源，也可以为企业发展增添更多动力。[①]

1. 保障员工权益

保障员工权益是实现员工幸福需求的基础条件，中交集团坚守合法用工的底线，保障员工在平等就业、休息休假、合理薪酬、民主权利等各方面的权益，杜绝就业歧视，优化薪酬福利体系，严格保护员工隐私，积极构建和谐劳动关系。

合法平等雇佣。以公开、公正、竞争、择优的原则开展人才招聘工作，制定相关管理办法，规范市场化用工；反对强制劳动、雇佣童工等非法用工行为；进行属地员工招聘，带动当地就业，改善当地人民生活

---

① 殷格非. 企业社会责任管理：解码责任竞争力 [M]. 北京：中国三峡出版社，2018.

质量；抵制歧视国籍、性别、年龄、种族、宗教、孕残等事件的发生。

完善薪酬福利。贯彻国家法律法规相关要求，及时、足额为员工缴纳社会保险；额外提供形式多元的员工福利，提升员工保险保障，为赴海外工作人员购买商业保险；实行中长期薪酬激励体制，结合企业年金及项目跟投等形式，为员工提供具有市场竞争力的薪酬。

以人为本管理。设置合法、合理休假制度，确保员工休息、休假权利；调整生育政策，为生育员工提供相应福利；完善民主管理制度，定期召开职工代表大会，发挥工会作用，定期督办反馈提案落实情况，进行相关管理制度、文化理念的培训。

重视劳务工管理。严格要求劳务公司与劳务工签订劳动合同；建立劳务工劳动报酬支付监控制度；要求劳务公司为劳务工缴纳医疗保险、工伤保险和基本养老保险；加强劳务工劳动保护，广泛开展安全教育；建立劳务工信息月报制度，发现问题后及时处理。

2. 帮助员工成长

员工是一个企业茁壮发展的动力源泉，对员工的培养不仅可以满足员工个人的成长需求，也能间接推动企业的进步。秉持人才强企理念，中交集团将人才视作企业发展的核心竞争力。结合国家各阶段人才规划，制定集团人才培养计划，不断激发人才内生动力，积极为员工搭建成长舞台，畅通人才发展通道，完善优化人才培训体系，充分发挥人才对发展的引领和支撑作用，明确人才建设任务，实现人尽其才、才尽其用。中交集团培育了多名中国工程院院士、国家工程勘察设计大师及全国杰出专业技术人才，为我国的人才培养做出了卓越贡献。

与此同时，中交集团也充分考虑到劳务工群体的成长需求，不但提供岗前培训、技能培训、安全培训、特殊工种培训，还创建起劳务工业余学校，开拓劳务工发展渠道，助力劳务工群体收获个人成长和可持续收益。

中交集团：愿景驱动型社会责任管理

促进员工成长。培育集团培训品牌，面向企业领导人员、党群工作人才、经营管理人才、专业技术人才、技能人才等各类人才、分级、分类打造针对性特色培训项目，形成如图 4-2 所示的中交集团特色培训体系；开展技能人才评优选拔与职业技能竞赛；推进网络学院建设，建成精品录课室。

```
部分特色培训项目
├─ 企业领导人员
│   ├─ 企业领导人员培训班
│   └─ 优秀年轻干部培训班
├─ 经营管理人才
│   ├─ 中青年骨干管理人才培训班
│   ├─ 国际工程商务管理培训班
│   ├─ 国际工程项目管理培训班
│   ├─ 安全培训班
│   ├─ 应急管理培训班
│   ├─ 总部骨干员工培训班
│   └─ 新入职员工培训班
├─ 专业技术人才
│   ├─ 优秀项目总工程师培训班
│   ├─ 各类专业技术高端培训班
│   ├─ 新兴业务专业技术培训班
│   └─ 优秀骨干船员高级研修班
├─ 党群工作人才
│   ├─ 党中央重要会议精神学习专题培训班
│   └─ 党的理论体系专题培训班
├─ 高技能人才
│   ├─ 起重工、电工等技能人才培训班
│   └─ 盾构机操作工关键岗位技能培训
├─ 紧缺急需人才
│   ├─ 城市规划建设专题学习
│   ├─ 盾构项目工程师培训班
│   ├─ PPP投融资培训班
│   ├─ 房地产项目管理培训班
│   └─ 综合管廊、海绵城市等技术培训
└─ 产业工人
    ├─ 产业工人技能培训
    └─ 农民工业余学校培训
```

图 4-2  中交集团特色培训体系

畅通晋升通道。加强人才发展顶层设计，实施"头雁""鲲鹏"等六大人才培养工程，完善"六大体系"、建强"六支队伍"、推进"六化建设"；形成《职务职级体系方案》，研究确立管理、技术、项目三个职务职级序列，细化不同序列和职级成长路径，为员工开放多元化职业发展通道。

3. 守护健康安全

作为企业组织，应时刻关注员工在工作中的健康与安全，维护员工身心健康和社会福祉，尤其应预防因工作条件而引起的健康损害。中交集团不断完善职业健康保护机制，修订《职业健康安全监督管理办法》，提供充足的劳动保护支持；并定期安排健康体检，呵护员工职业健康。

加强责任监督。建立EHS管理体系[①]，开展职业健康安全环保综合督查；通过签订《职业健康安全环保责任书》，将安全责任落实到人；将职业健康纳入考核标准，对职业健康项不达标实行一票否决制，年终依据考核情况奖优惩劣。

确保作业安全。通过自检与第三方检测相结合的方式，对重点作业场所环境进行监测，保证作业环境安全；针对特殊工种和有害工种开展专项体检，建立健康监护档案；为作业员工针对性发放劳动防护用具，配备洒水除尘设施、降温防暑设备等以加强个体防护。

注重宣传教育。强化对《中华人民和国职业病防治法》的宣传教育，在作业场所，利用宣传栏、板报等形式将职业危害因素、防范措施、施工注意事项等进行张贴，组织职业健康培训学习、专项答题活动，帮助员工识别职业健康风险，提高员工自我保护意识。

---

① EHS管理体系是环境管理体系（EMS）和职业健康、安全管理体系（OHSMS）两体系的结合。EHS是环境（Environment）、健康（Health）、安全（Safety）的缩写。

> **启动EAP计划，营造阳光工作氛围**
>
> 中交四航局启动员工帮助计划（Employee Assistance Program，EAP），以保持员工成长活力。
>
> 组建EAP队伍。以党、工、团组织负责人和具有相关专业知识背景和浓厚兴趣的员工组成，涵盖公司、子公司、项目部三个层级。
>
> 开展EAP培训。安排心理学相关知识的专场培训，发放心理学和EAP指导书籍供专员进行学习提升，并根据EAP专员培养的特点，定期组织培训。
>
> 推进EAP行动。印发《EAP专员手册》和《员工职业心理健康自助手册》，开通心理咨询热线，建设员工EAP活动室，打造适合员工进行自我压力认知、自我解压的健康的活动环境。

4. 关爱员工生活

为员工营造健康、幸福的工作环境是企业体恤员工的高层次目标，有助于员工实现工作方面的可持续发展。中交集团心系困难员工及其家庭，注重关爱特殊群体，倡导快乐工作、健康生活的理念，鼓励员工平衡工作与生活，营造出愉快、幸福的工作环境。

开展帮扶慰问。开展困难员工帮扶工作，筹措建立专项帮扶资金，定期走访慰问一线员工、困难职工及海外员工家属，从政策、物资等多方面为有困难的家庭提供支持帮助，同时做好对劳动模范及先进员工代表的关切和慰问。

关爱特殊群体。配合国家人口与计划生育政策，调整生育假期，并建设爱心屋、安康驿站、爱心驿站等项目配套设施，开展暑期员工子女爱心托管等服务。面向一线员工，积极开展慰问送清凉等活动。心系赴境外工作的员工，为其购买商业保险，并提供比国内同岗位高出一倍的薪酬。

丰富文娱生活。开展各类文艺、文化活动，如新春书画会等，丰富员工生活。举办中交集团羽毛球邀请赛、篮球赛、拔河比赛等体育活动，密切员工沟通和交流。开展集体婚礼、相亲交友等活动，帮助员工解决生活难题。

### 三、重视价值管理

积极承担社会责任，倾心、倾情、倾力奉献社会，有助于提升企业的自身价值。多年以来，中交集团始终冲在人民所紧急需要的前线，在抢险救灾中及时快速地调动集团技术、物资、资金等储备力量，帮助受灾地区群众逃离险情，完成灾后重建；开展志愿活动及公益慈善活动，借助企业优势服务社区居民，建立良好的企地关系，与社区共享发展成果，以实际行动助力社区和谐建设，全力彰显出符合央企形象的责任、爱心与担当。

支援抢险救灾。利用基础设施建设专业优势，支援抗洪救灾、海上救援、抗击台风、地震抢险、协助处理高速公路事故等灾害险情，保障人民群众的生命安全，为受灾地区的抢修和重建工作贡献力量。

---

**全力抗洪，"豫"你同在**

2021年7月中下旬，河南省遭遇特大暴雨和洪涝灾害。中交集团积极贯彻落实习近平总书记对防汛救灾工作的重要指示，落实党中央、国务院决策部署，第一时间组织在豫企业和施工项目部积极投入一线抢险救灾工作，累计派出抗洪抢险人员1200余名、设备180台、车辆100余量，积极配合当地政府抗汛、救援，全力保障人民群众生命财产安全；并通过河南省慈善总会向河南灾区捐款1200万元，支持河南水灾紧急救援和灾后恢复重建工作。

开展志愿活动。成立"蓝马甲"志愿服务品牌,组织企业内外公益活动,走进社区养老院、福利院开展面对面服务,协助各地政府开展大规模核酸检测、疫苗接种,开展助力高考、交通安全进校园、垃圾分类宣传等活动。

热心公益慈善。开展爱心助学活动,助力教育圆梦;策划关爱留守儿童、青少年综合服务等公益项目,为未成年人提供心理疏导、兴趣培养等支持;与宝贝回家志愿者协会合作,参与打拐行动等。图4-3所示为中交集团积极推进"中交助梦·教育提升"行动。

图4-3 中交集团积极推进"中交助梦·教育提升"行动

# 第三节 打造质量型世界一流企业

高质量发展,就是能够很好满足人民日益增长的美好生活需要的发展。中交集团立足新发展阶段,贯彻新发展理念,主动融入新发展格局，遵循高质量发展时代主题，坚持质量第一价值导向，筑造精品工程，强化安全生产标准化建设，努力实现本质安全，高质量开展供应链管理体系建设，携手供应链伙伴共同成长，全力打造产品质量优、经营能级高、运营质效好的质量型世界一流企业。

## 一、提供优质产品

自党的十八大以来，在习近平总书记提出的"三个转变"[①] 指引下，中交集团着力打造高质量发展战略布局，坚持质量第一、效益优先，将高质量发展同满足人民美好生活需要紧密结合，以工程建设为载体，以质量创优为先导，不断提高产品和服务质量，提升客户体验感和满意度，以优质产品和服务推动"三让"愿景实现。

筑牢质量基石。秉持"以质量求生存、以质量促发展、以质量谋效益"理念，推进质量管理标准化、智能化；对产品质量监督管理办法、质量责任制规定等制度进行及时更新；推进"平安百年品质工程"课题研究，将"平安百年品质工程"建设纳入集团"交通强国"试点任务，建设"优质耐久、安全舒适、经济环保、社会认可"的品质工程，打造质量强国中交样本。

提升质量监督。坚持问题导向，按照分级管理原则，开展多样的质量检查，落实风险识别与风险评价表，对质量隐患实行负责人包保责任制，做到措施、责任、资金、时限和预案"五到位"，按时完成整改，确保质量形势稳定；创新质量监管方式，聚焦重点项目、关键部位、薄弱环节，提高质量监管效能；开展实体质量抽检，采用基于大数据分析的精准抽检。

形成质量文化。将质量强企、工匠精神融入生产经营管理；开展

---

① 中国制造向中国创造转变、中国速度向中国质量转变、中国产品向中国品牌转变。

"质量月"活动，组织质量改进、质量攻关、质量管理小组等群众性质活动，提升全员质量意识、技术能力和管理能力；实施质量品牌战略，打造精品工程，从事后创优转为全过程创优，对质量创优进行分级管理，开展质量创优宣传与培训，号召下属公司积极创优。

保护客户隐私。构建严密的信息保护体系，明确要求在处理客户关系时，增强法治观念和保密意识，严格保管客户有关资料及隐私信息，严守客户商业秘密，避免在违反法律法规、内部制度的情况下向第三方泄露；建立客户信息数据库，坚持分级保管、分级查阅的原则，按照保管价值确定保管期限；应用防火墙、入侵检测防御、VPN（虚拟专用网络）访问等技术，强化数据资源和访问保护。

完善客户体验。开展满意度调查，听取客户的意见和建议；建立客户投诉机制，设置专人负责回应客户诉求；为客户制订个性化的服务方案，如所属中交资产管理有限公司倾力打造品质路、智慧路、生态路，为交通出行提供"中交方案"；所属中国公路车辆机械有限公司建立专业技术服务队伍，对服务过程进行跟踪并将客户的要求落实到相关部门。

## 二、夯实安全根基

安全生产是为了避免生产经营活动对人员、设备造成事故所开展的一系列措施和活动，也是基础设施建设行业的重要议题。安全生产不仅为中交集团的从业人员带来了安全保障，也为打造安全工程奠定了良好基础。中交集团以"安全第一、预防为主、综合治理"的方针，坚守红线意识、底线思维，严格落实企业主体责任，着力控风险、治隐患、建体系、强队伍、保稳定，筑牢安全生产防线，用安全的生产过程达成客户预期的目标。

强化安全理念。推行以风险分级管控和隐患排查治理为主的安全管理理念，提出"安全管理是企业第一管理理念"，将安全生产工作上升到政治高度；树立"零事故、零死亡"管理目标。

加大安全投入。在京雄高铁、深中通道等数十余项目上推广应用基于BIM（信息建筑模型）技术的安全质量管理系统平台；在疫情防控期间，通过"移动安监"系统支持安全生产数据采集；开展"平安中交"系列评奖，通过树立典型，带动各级单位形成安全生产责任意识。

开展安全督查。突破"就安全而抓安全"的局限性，形成"大安全"监管格局；开展安全生产专项整治三年行动和防灾减灾大排查行动，深入一线、接触基层，全面提升现场管理和作业水平。

组织安全教育。建立安全生产月度例会制度，对标先进管理，分析事故教训；制作典型事故警示教育片，以真人讲述、模拟还原场景描述及三维动画等多种形式相结合的方式，形成中交集团事故案例库；在安全生产月，开展知识网络竞赛、安全隐患随手拍等活动。

部署应急措施。在各级单位搭建应急管理机构，规范应急制度；上线应急管理平台，组建国家级应急救援队；举办应急演练，承办公路水运工程建设安全海上综合应急演练、地震灾害救援实训演练等活动。

---

**举办公路水运工程建设安全海上综合应急演练活动**

2020年10月，中交集团在深中通道协助交通运输部、广东省交通运输厅开展公路水运工程建设安全海上综合应急演练。应急演练全程历时50分钟，共设置船舶失控、船舶搁浅、船舶火灾、人员落水应急处置4个科目，采用政企联动、部省联合、海陆空协同的方式，全方位展示海上工程建设安全管理特色。演练投入世界首艘沉管运输安装一体船、国内首艘具备定深平挖功能的抓斗式挖泥船，使用运用北斗系统和配有定位终端的新型救生衣等救援设备，有效提升水上施工安全和应急处置能力。

## 三、践行责任采购

供应商是企业重要的合作伙伴。企业在供应链上推行社会责任，既是对供应商提出市场准入门槛，也是加强市场竞争砝码的新手段。[①] 中交集团对标世界一流企业，建立供应链管理体系，形成"创新、协同、高效、绿色、智慧"五位一体供应链战略思路，不断完善供应商管控、评价和激励机制，推动供应商共同履责，实现合作共赢、共享发展。

供应商管理。建立供应商管理体系，通过采用资料系统上传审核制，严格把控供应商资质；根据材料、行业信誉度、组织、环境和合作稳定性等指标筛选供应商；建立供应商考核评价体系，实施供应商分级分批制度，根据考评结果调整供应商层级，从正反两方面进行升降级分级管理激励；建立长效沟通机制，定期组织电话会议、供应商交流大会及年度优秀供应商表彰交流会。

供应商培训。推动供应链人员专业化学习，开展供应链人才、评标专家培训会，举办评标专家暨供应商考核专家、供应链管理骨干人才、供应链管理中层人才、物采系统关键用户在线视频培训班、TFC（The Fresh Connection）供应链大赛等活动；为供应商提供反腐倡廉、供应商准入及考核评价标准等培训，督促供应商成长。

采购管理。不断完善集中采购和装备、非生产集中采购模式；制定《物资采购供应管理办法》《装备采购供应管理办法》《招标采购管理办法》《物资集中采购支付管理办法》等制度，建立完善的招评标机制，打造公开透明的采购平台，强化支付保障；持续完善信息系统建设，扩大电子化采购规模；加大监管力度，对供应链中的风险进行有效管控，及时整改相关问题。

---

[①] 殷格非. 责任竞争力——解码企业可持续发展 [M]. 北京：企业管理出版社，2014.

## 第四章　中交助梦、愿升使命

> **阳光透明，优质高效——中交地产招采管理平台全面上线**
>
> 2021年，中交集团所属中交房地产集团有限公司建成并全面上线中交地产招采管理平台，对供应商入库、发布招标公告、发标回标、在线开评定标等招采业务进行全业务周期管理，平台上线不仅使公司招采业务实现全面信息化，更实现了招采全过程线上管理、全方位线上监督，为打造"阳光透明，优质高效"的招采环境提供了技术保障。

打造绿色供应链。根据生产业务的全生命周期，围绕材料和设备的原材料采购、加工、包装、仓储、运输、使用及报废处理涉及的逆向物流的整个过程，从绿色供应链管理整体出发，推进绿色设计、绿色供应商选择、绿色采购、绿色运输与仓储、逆向物流、资源的协调与配置、新材料应用等工作，结合绿色建筑产品的"全寿命周期"理念，将建设产品后期会涉及的环境问题纳入设计考虑范围；对标国际，推广环保新材料、新产品、新工艺、新技术的使用；开展绿色采购，降低运输过程对环境的影响；识别可二次利用的建筑材料，并对废弃物进行有效回收利用。

# 第五章

## 中交助梦、愿通世界

## 第五章 中交助梦、愿通世界

当前，我们生活的世界正处于大发展、大变革、大调整时期，国内外形势发生深刻变化，国际经营环境日趋复杂，充满挑战和机遇。中国提出共建"一带一路"倡议，其核心内涵是促进基础设施建设和互联互通，加强经济政策协调和发展战略对接，促进协同联动发展，实现共同繁荣。发展中国家对基础设施建设有着巨大的渴望和需求，近年来，"一带一路"正在从倡议变成共识、从理念变成蓝图、从方案变成实践。

"一带一路"建设正在打通巨大需求和强劲供给，中国企业在建设国家基础设施过程中具有世界领先的系统性供给优势。中交集团在全球 157 个国家和地区开展实质性业务，在 139 个国家和地区设立分支机构，承建了大量有影响力的国际工程，连续 16 年位列 ENR（《工程新闻记录》）国际承包商亚洲企业首位。国际化经营一直以来都是中交集团最大的优势和最鲜明的特色，也是中交集团的核心竞争优势所在。中交集团发扬中华文化重道义、谋共赢的传统，长期系统履行海外社会责任，积极践行丝路精神，分享中国智慧、贡献中国方案、谱写中国精神。

## 第一节　加强基础设施"硬联通"

作为国民经济的基础性、先导性行业，我国交通基础设施建设行业经历了"由小到大""由弱到强"，从"站起来"到"强起来"的过程。在这一高速发展的历史进程中，中交集团发挥中流砥柱作用，打造"中国路""中国桥""中国港""中国岛"等名片，成为了全球交通基础设施建设领域的领军企业。

## 中交集团：愿景驱动型社会责任管理

在参与共建"一带一路"过程中，中交集团发挥一百多年从事交通基础建设所积累的核心优势，乘势而上，重点推进连心桥、致富路、发展港、幸福城四大业务领域的建设。一是连心桥，通过桥梁建设跨越隔阂和天堑，让当地和中国同呼吸、共命运；二是致富路，通过投资建设公路铁路促进当地人民发家致富；三是发展港，通过港口投资建设帮助所在国打开门户，联通世界、促进发展；四是幸福城，通过投资建设一批新城新区、产业园、工业区，带动投资就业置业，助力当地人民生活水平整体提升。中交集团投资建设的每一条路、每一座桥、每一个港、每一座城，都给区域经济发展带来了巨大的推动作用，提升了企业综合价值创造能力，取得了明显成效，受到了东道国政府民众的肯定、赞扬，得到了当地企业和人民的信任、支持，赢得了国际社会的认可、好评。

### 一、浇筑致富路

在塔吉克斯坦，一位生活在沙赫里斯坦的老人，步行一周到达首都杜尚别。在总统府大门口等候多日，执意要见到总统，总统听说后决定接见老人。来到总统面前，老人双膝跪下说了这样一段话："感谢你为我们老百姓修通了塔乌公路，我是步行走过来的，这辈子能走这么好的路知足了。"总统非常感动，当即要求工作人员记录这件事并转告中国政府，并由交通部长向中交集团的相关工作人员转述了这个故事。

当代中国的修路事业取得了飞跃式发展，通过科技创新和投融资建设体制创新，中国迅速建成了全球第二大高速公路网，为中国经济社会发展提供了强有力的支撑。"要想富，先修路"，中国近40年的迅猛发展正是这句话的有力注脚。作为交通基础设施建设领域的"国家队"，中交集团坚持科技创新，在许多技术含量高、施工难度大、工艺结构复杂的特、难、精、尖的重点工程中不断积累领先优势，同时积极践行

"一带一路"倡议，与沿线人民分享发展经验。道路通畅百业兴，一条条道路的修建，改变了"一带一路"沿线国家和地区交通闭塞的现状，盘活了当地产业的发展，让当地百姓走上致富之路；一条条道路的延伸，打开了联通世界的大门，让"一带一路"相关国家和地区焕发全新的发展活力。

> **巴基斯坦喀喇昆仑公路——中巴友谊公路**
>
> 全长1224千米的喀喇昆仑公路是世界上海拔最高的跨国公路之一，也是连接中国与巴基斯坦的唯一陆路通道，被称为"中巴友谊公路"。喀喇昆仑公路的建成通车，使巴基斯坦北部走出了世世代代"与世隔绝"的封闭状态。喀喇昆仑公路始建于20世纪60年代，两国建设者历时十余年，建设完成了巴基斯坦境内600多千米的道路。
>
> 2007年，中交集团再一次接过帮助巴基斯坦改扩建喀喇昆仑公路的重任，恢复两国中断的陆路交通。喀喇昆仑公路的影响区域面积约为7.5万平方千米，影响区域人口约1500万人。一期工程已于2015年完工，目前二期工程正在建设之中。公路改扩建后，交通量比建设前增加了1.5倍，通行时间从以前的14小时缩短为6小时，大大降低了货物运输成本。道路的贯通也给当地带来了商机，给世世代代只能依靠农业和畜牧业为生的当地居民创造了大量的就业岗位，对当地经济发展产生了积极影响，成为中巴友谊的牢固纽带、中巴合作的纪念碑。

## 二、架设连心桥

"山无径迹，泽无桥梁，不相往来"，桥是为了跨越隔阂和分裂，传递此岸和彼岸的情感和思考，桥是为了抵达那渴望已久的陌生世界，携手开拓广阔而神秘的未来；"一桥飞架南北，天堑变通途"，桥也代表着人认识自然、改造自然的实力,是一个国家科技水平和综合国力的直接体现。

当代中国的建桥事业取得了巨大发展,以中交集团为代表的桥梁企业近20年来在桥梁结构体系设计、核心材料研发、关键施工工艺、施工装备创新上的刻苦攻关,使得中国拥有了具有自主知识产权的桥梁建设技术体系,港珠澳大桥、苏通大桥、西喉门大桥、朝天门大桥、杭州湾跨海大桥等代表了世界桥梁建设的最高水平。

当前,中国桥梁正在走出国门,为构建更畅通的世界做出新的贡献。在与沿线国家分享中国的建桥技术与经验的过程中,中交集团已累计在"一带一路"相关国家和地区修建桥梁超150座,一座座桥梁的建设,为当地百姓的出行带来了极大的便利,筑牢了周边贸易往来基础,极大程度地带动了当地的经济发展;一座座桥梁的延伸,跨越了中国与所在国的地域天堑,跨越了中国与所在国的心灵隔阂,让中国与当地心手相连,一座座代表世界桥梁建设最高水平的连心桥,正如中交集团一张张闪亮的"名片"。

---

**塞尔维亚泽蒙—博尔察大桥——中国企业走进中东欧市场的第一张"名片"**

塞尔维亚地处巴尔干半岛中北部,多瑙河横贯全境。塞尔维亚与中国保持着传统友谊和深厚互信,积极参与共建"一带一路"。随着"一带一路"宏伟蓝图的展开,塞尔维亚的基础设施发展正面临着前所未有的巨大机遇,并因基础设施的改善而在促进地区经济一体化中发挥着愈益活跃的作用。

2014年,一座优美的"中国桥"在贝尔格莱德迅速崛起,成为一道横跨多瑙河的傲人风景,结束了贝尔格莱德近70年来仅有一座多瑙河大桥的历史,这座桥便是泽蒙—博尔察大桥(Zemun – Borca Bridge)。大桥于2014年12月18日正式通车,连接泽蒙和博尔察两个区,有效减缓了贝尔格莱德市区交通压力，通行时间由1小时以上缩减为10分钟，给当地居民的生活带去了便利。泽蒙—博尔察大桥长1482米，主跨长172米，是中国公司在欧洲承建的第一座大桥，大桥被赞誉为中国企业走进中东欧市场的第一张"名片"，为中国与中东欧国家合作树立了样板。

至今，赴塞旅游的中国游客乘船游览多瑙河、途径泽蒙—博尔察大桥时，当地导游都会指着大桥，充满感激地告诉中国游客："请看，这就是你们中国人为我们建造的大桥，我们都叫它'中国桥'。你们的工程人员即便在恶劣的天气里也不会停止工作。我们塞尔维亚人非常感谢你们！"

## 三、建设发展港

港口兴则贸易兴，港口强则经济强。港口是一个国家对外贸易的主要窗口，是综合国力的重要体现，是支撑开放发展的重要基础。作为国内基建行业翘楚，中交集团在海港及空港建设技术上都已实现领先，承建的港口遍布21世纪海上丝绸之路。中交集团掌握了大型、超大型专业化码头建设能力和成套技术、大型深水航道建设成套技术，大型、高效港口机械装备核心技术，推动中国海港建设取得长足发展，全球吞吐量排名前10的港口中，中国占了8个。近年来，中交集团开始积极发挥全产业链一体化服务优势，在国外建设机场，逐步成为中国空港建设的重点企业。

中交集团积极践行"一带一路"倡议，通过海港和空港投资建设帮助"一带一路"相关国家和地区国家打开门户。一座座港口的修建，承载了一个个国家发展的希望。一座座港口的竣工，打开了贸易往来的大门，极大程度地促进了当地经济发展。

> **巴基斯坦瓜达尔港——中巴经济走廊的桥头堡**
>
> 2007年3月20日，由中国政府援建、中交集团承建的巴基斯坦瓜达尔港开港仪式在当地隆重举行。
>
> 瓜达尔港位于巴基斯坦俾路支省境内，濒临阿拉伯海，是中东海上石油运输要道霍尔木兹海峡上的重要港口。援建瓜达尔港是中巴两国政府高层领导协商确定的重要项目，不仅对增进两国长远利益、巩固两国传统友谊具有非常重要的政治意义，而且对未来地区和世界的政治经济发展格局也将产生重要影响。
>
> 2002年3月15日，中交集团作为总承包方，与巴基斯坦交通部港口航运管理局签订《巴基斯坦瓜达尔港口项目一期工程建设施工总承包合同》，一期工程总投资2.48亿美元。历时5年，中交集团克服地理位置偏远、施工条件差、工程管理复杂和技术难度大等重重困难，综合运用各种新材料、新工艺、新技术，不断创新管理模式，圆满完成了这一举世瞩目的重大工程，受到中巴两国政府的高度评价，为国家赢得了荣誉。

## 四、打造幸福城

过去的近40年里，深圳从一个3万人的边陲小镇快速崛起为一座世界级现代化大都市，创造了世界工业化、城市化、现代化史上的奇迹。随后，浦东新区、雄安新区、产业新区等不同类型的特区逐步涌现，以"特区新区、先行先试"的发展模式打开对外开放的窗口，这是中国发展的一个宝贵经验，也为"一带一路"相关国家和地区提供了城镇化发展的"中国方案"。近年来，中国企业积极分享"经济特区"模式的发展经验，探索帮助其他国家建设境外产业集聚区、经贸合作区、工业园区等。

第五章　中交助梦、愿通世界

在响应"一带一路"倡议过程中，中交集团在沿线国家推进境外工业园区建设项目超过 20 个，有些已经初步形成规模。科伦坡港口城项目，将为科伦坡再造一个全新的中央商务区，为当地民众提供稳定的就业岗位，对斯里兰卡的经济、民生的发展起到巨大推动作用；巴基斯坦瓜达尔港自贸区一期 25 公顷（1 公顷 = 10000 平方米）已正式开工建设并已完成招商。中交集团通过建设一批新城新区产业园工业区，带动投资就业置业，实现所在国经济发展水平整体提升，用中国力量为所在国城市发展注入了科技、美丽和幸福。图 5-1 为中交集团援建的埃塞俄比亚河岸绿色发展项目。

图 5-1　埃塞俄比亚河岸绿色发展项目

# 第二节　推动属地管理"软联通"

属地化是巩固国际竞争优势的必要途径，是应对和降低制裁风险的有效手段，也是中长期海外业务持续高质量发展的重要保证。中交集团

## 中交集团：愿景驱动型社会责任管理

不断推进属地化管理，加快海外业务属地化、实体化发展，围绕市场增量、组织建设、管理体系、人力资源、品牌文化五个方面，加快属地进程，深化属地融入，创设"Think Global Act Local"的中交属地文化，建立具有央企特色、世界一流的属地化发展模式，更好地服务于集团"两保一争"战略目标，推动海外业务持续高质量发展。

### 一、开展政府合作

2019年4月24日，在第二届"一带一路"国际合作高峰论坛"一带一路"企业家大会新闻发布会上，国务院国资委指出，中央企业在"一带一路"建设过程中，要加强与沿线国家合作方的协调，在海外投资经营中着力履行社会责任，要加强与项目所在地政府的合作，合作"既要算经济账、又要算社会账，既要算当前账、又要算长远账"，努力在更大范围内实现双赢、多赢、共赢。

中交集团积极与沿线国政府签订重大项目战略合作协议，发挥集团先进工程技术优势，帮助项目所在地推进区域设施建设，带动当地社会经济发展，获得当地政府高度认可。

---

**斯里兰卡科伦坡港口城——打造斯里兰卡第一个填海造地之城**

"重新成为海上丝绸之路的明珠，成为连接东西方的钥匙"是斯里兰卡的国家愿景。科伦坡港口城项目是中交集团与斯里兰卡港务局合作开发的综合类特大型投资建设项目，融基础设施、一级土地开发和城市综合体开发为一体，项目一级土地开发投资近14亿美元，带动二级开发超过130亿美元，能为斯里兰卡创造超过8.3万个就业机会。

> 港口城项目的实施，不仅是中交集团与斯里兰卡政府合作共赢的契机，更是中斯两国政府政策友好互通的桥梁，为斯里兰卡的经济发展提供了优质的基础设施，为两国提供了更多的贸易合作机会及资金融通平台。2014年9月17日，科伦坡港口城项目顺利开工，两国领导人亲自为项目揭幕剪彩。
>
> 2021年6月，斯里兰卡总统戈塔巴雅在"2021年斯里兰卡投资论坛"上亲自为科伦坡港口城招商引资，"港口城将为这座城市（科伦坡）带来更多机遇，成为一个拥有世界级住宅、商业、社交和娱乐设施的城市。我们的愿景是，使港口城成为世界上经济增长最快的地区之一的关键服务枢纽"。

## 二、推行本地采购

中交集团坚持"市场为大，市场为先"，把握战略机遇，拓展属地化发展增量，做实属地经营，加快建立属地化合作关系网络，有机嵌入当地的供应链和产业链，充分参与属地市场和属地项目竞争；拓宽属地合作，在人才引进、工程分包、物资采购等方面加强属地资源利用，实现共赢。同时，中交集团不断拓展经营主体增量，进一步发挥引领作用，通过内部国别股份公司组建、海外专业品牌打造、潜力空白国别认领、属地化经营等多种方式，增加海外经营主体，引导局院逐步成为"走出去"的主体，选择条件成熟的局院授权其在海外全面独立经营。

中交集团在贯彻"走出去"战略的同时，积极发挥企业优势，融入当地、扎根当地，与当地人民结成紧密的命运共同体和利益共同体。积极营造公平、健康的市场环境，加强与当地供应商合作共赢，加大属地化采购力度，提升属地化采购比例，拉动当地产业链发展，促进当地经济发展和民生改善。蒙内铁路运营公司客运站的列车服务和客运管理人员属地化率达80%以上，全面属地化的管理目标正逐渐实现；莫桑比克马普托大桥项目属地化采购率达62.3%，极大地活跃了当地的基建市场；中国港湾境外项目属地化采购率达90%，建立供应商名录，不断积累合格供应商，并积极推动分包商、供应商履行社会责任。图5-2为中交集团建设运营的肯尼亚蒙内铁路工程。

图5-2 肯尼亚蒙内铁路工程

### 三、帮助培养人才

人才是中交集团海外发展的动力源泉。中交集团秉承"建成一个精品工程、树立一座友谊丰碑、培养一批专业人才"的理念，依靠重大工程和优势产业，做所在国优秀的人才培养基地，健全属地用工管理体系，围绕属地员工的"选、用、育、留"，建立健全合规的属地用工制度体系，规避属地员工劳务纠纷；积极拓展当地员工招聘渠道，优先招聘和录用当地员工，并广泛开展当地雇员的培训及技术转移，大力开展员工技能培训，培育本土化人才，以技能培训为支撑，为所在国提供员工培养、人才输送等支持，帮助解决当地就业问题，培养了一批优秀技能人才队伍。

在蒙内铁路运营过程中，中交集团对铁路系统123个技术工种实施全方位技术转移工作，完成了98个主要技术工种的英文版作业指导书和作业标准。采取岗前培训、在岗培训、在职培训、赴华培训四种培训形式；在13所中国铁路院校开设专业基础培训班62期，脱产培训肯尼亚员工2415名；先后选送5批、70余名优秀肯尼亚员工代表到中国高等学府进行培训。

## 四、带动经济发展

中交集团在打造优质工程的基础上，借助"联合出海"，发挥产业链优势，构建"中国企业+地方政府+境外园区+境外企业"的模式，与上下游企业打造战略联盟，构建价值网络。中交集团提出"海港—产业园—城市"和"旱港—物流园—城市"两种产业和交通基础设施互动的模式，为区域经济和社会发展带来新的动力和机遇。

> **埃塞俄比亚首都机场——打造通往世界的航运枢纽**
>
> 作为"21世纪海上丝绸之路"的重要节点国家，埃塞俄比亚地处东非，平均海拔3000米，地势较高，交通不便，大力发展航空运输业成为其必然选择。然而，随着经济社会的不断发展，位于埃塞俄比亚首都亚的斯亚贝巴，素有非洲"东大门"之称的宝利国际机场，运营能力已经不能满足现实需求。
>
> 中交集团积极承接宝利国际机场改扩建工程，帮助埃塞俄比亚打造联通非洲与世界各地的航空枢纽。项目建成后，机场年旅客吞吐量将由700万人次提升至2200万人次，对于辐射周边经济、提升人员流动有着巨大意义，也使得宝利国际机场"东非第一大机场"的地位更加稳固。

> 埃塞俄比亚总理阿比表示，机场是一个国家的窗口和名片，埃塞俄比亚作为非盟总部所在地和联通非洲与世界各地的重要枢纽，不堪重负的航站楼将大大制约本国的航空运输和经济发展。"感谢中国帮助我们推动实现地区互联互通。中交集团是能打硬仗、值得信赖的企业。"

## 第三节 促进文化交融"心联通"

### 一、促进文化交融

中交集团积极推进海外跨文化融合，制定《境外企业文化建设实施意见》等规章制度，推进跨文化管理、促进多元文化融合，学习和尊重各个国家的历史和文化差异，强化海外员工文化的认同感和归属感，消除海外经营中的文化风险，实现民心相通文化"软着陆"。

中交集团发扬重道义、求公平、谋共赢的优良传统，做好中国与世界的经济、文化外交使者，坚持文化自信，在保证意识形态独立性和自身独特企业文化的基础上理解、尊重当地文化，开展企业文化的属地化融合。进行有效沟通，克服多种语言、宗教、风俗、思维方式的障碍，通过非官方活动，搭建文化交流的桥梁，加深利益相关方对属地项目的认同感，努力打造共同的"精神家园"，实现当地多元文化的融合平衡，展示文化软实力，获取属地文化的认同、接受。

### 二、服务社区发展

中交集团坚持舍得利他，始终不忘回馈当地社会，积极参与助学济困等各项公益事业，援建社区学校、捐资改善现有社区学校基础设施，推进中非双方高等院校开展交流与合作，资助肯尼亚、塞内加尔、多哥、刚果（布）及加蓬等国的留学生来华深造，致力于改善项目所在地教育和社会发展水平，通过帮助修建基础设施、援建希望学校、定期慰问当地慈善机构等多项举措，实现共创共享美好生活，做所在国的优秀社会志愿者。

> **援建法曲尔第一所小学，续写中巴友谊佳话**
>
> 巴基斯坦瓜达尔市约有8.5万人口，但教育资源缺乏，当地老百姓识字率极低，全市仅有一到两所条件比较好的公立小学，辖下的法曲尔地区，更是没有一所小学。
>
> 得知这种情况后，中国和平发展基金会捐建、中交集团援建了法曲尔地区的第一所小学——中巴法曲尔小学。"当听说中国要援建一所学校时，我非常高兴，这是一次机会，我想把这块土地留给孩子们。"法曲尔小学建设用地的捐献者谢尔·穆罕默德老人激动地说。
>
> 2016年8月26日，中巴法曲尔小学正式运营，121名学生先期入学。听闻小学建成，邻近村子的学生慕名而来，踊跃报名。同年9月1日，巴基斯坦总理来到学校，巴方陪同人员问迎接的孩子们来自哪里，一位孩子自豪地说："我来自中国小学。"这成为中国和巴基斯坦两国友谊的又一段佳话。

## 三、热心公益慈善

因气候、地质等自然原因，"一带一路"沿线许多国家自然灾害和突发事件频发。中交集团始终以所在国家或地区的需求为出发点，在抢修道路、桥梁、港口，运输，供应战略物资，倡导企业志愿服务和捐款捐物等方面调动有力，行动坚决。灾害救援结束后，投入大量人力、物力和财力用于灾后重建，助力当地人民重建家园，充分发挥企业的技术、人才、资源优势，成为所在国政府和人民在急难险重事件中可以信赖的伙伴。

> **承担属地责任，助力斯里兰卡抗击疫情**
>
> 面对斯里兰卡的严峻新冠肺炎疫情，中交集团凭借着主动作为的责任担当，通过一系列及时有效的援助行动和捐赠活动，与斯里兰卡人民一同抗击疫情，让当地民众真正感受到中国企业的热情和担当。
>
> 2020年3月，斯里兰卡第一轮新冠肺炎疫情爆发。为解决当地基础医疗物资短缺的困境，中交集团派遣下属设备站负责人和技术工程师前往当地口罩工厂，指导工人使用从中国进口的生产线，实现日产能12000片，有效缓解了斯里兰卡防疫物资需求压力。
>
> 2021年5月10日，为应对斯里兰卡第三轮新冠肺炎疫情，应斯里兰卡总统经济发展和扶贫特别工作组发出的紧急求援，中交集团周密部署，带领斯里兰卡中国企业商会单位迅速完成医疗帐篷运输、搭建及配套床位配置等一系列工作，在支援行动中充分体现了"中国速度"。

# 第六章

## 中交助梦、愿向未来

# 第六章 中交助梦、愿向未来

中交集团的社会责任管理之道是一条由愿景驱动的目标导向型道路。百余年来，中交集团栉风沐雨、砥砺前行，逐渐形成了"三让"愿景，这个愿景也引领着中交集团在履行社会责任方面不断做实事、收获实绩。放眼未来，中交集团将勇立时代潮头，以永不懈怠的精神状态和一往无前的奋斗姿态，完整准确全面贯彻新发展理念，向着建成具有全球竞争力的科技型、管理型、质量型世界一流企业阔步前进。

## 第一节 打造"三核五商"新中交

进入"十四五"阶段，中交集团将集团战略升级至"三核五商"，"三核"即核心科技先导、核心主业突出、核心优势鲜明，"五商"即工程承包商筑牢底板、投资运营商培育长板、城市发展商补齐短板、装备制造商跃上跳板、生态治理商建成样板。"三核五商"的重心在"核"，关键在"商"，"三核"是推动"五商"发展的根基所系、驱动所在，"五商"是发挥"三核"力量的目标所指、行动所向。打造"三核五商"新中交，是中交集团立足新发展阶段、贯彻新发展理念、融入新发展格局的重要战略部署，将助力中交集团成为践行新发展理念、履行社会责任的典范。

核心科技先导。打造世界一流企业必将依托科技的自立自强。将科技创新作为引领发展的第一动力，弘扬善创新、敢创新的优势，以交通强国建设试点和国家推动新型城镇化建设战略为牵引，加大科技与数字化的融合力度。

核心主业突出。提升主业竞争力是建设世界一流企业的基本要求。集中精力深耕"大交通、大城市"两大核心业务，打造出一批行业产业龙头企业、一批科技创新领军企业、一批专精特新冠军企业、一批基础保障骨干企业，加速形成实力雄厚、业绩一流、支撑有力的核心产业集群。

**核心优势鲜明。**国际化是中交集团的核心发展优势。不断完善海外优先发展战略，抓住全球产业链重组趋势，进一步完善生产经营网络，畅通国内国际双循环。深入推进海外"一带一路"和国内"江河湖海"优先发展战略，扎实做好"加速度"和"高水平"的文章，以更高站位向前对标，以更宽视野向外对标，以更严标准向内对标，绘就"一带一路""工笔画"，开拓海外发展"新空间"。

**工程承包商筑牢底板。**工程承包是中交集团的立身之本。坚持"大道至简、回归本源"，以确保升级不偏向、转型不迷航，主动顺应项目规模大型化、技术工艺复杂化、工程总承包一体化趋势，持续加强技术保障能力、资源调配能力、集成化管理能力和产业链整合能力，向基础设施建设全领域拓展，向设计咨询建设运维全链条延伸，打造业务覆盖全面、技术保障一流、管理高效专业、品牌形象良好的全球一流工程承包商。

**投资运营商培育长板。**投资运营是强链的战略之举。放大国有资本功能，扎实推进国有资本投资公司改革，明确产业投资方向，建立一套成熟的新产业培育孵化体系，开拓装配式建筑、绿色能源、海洋经济、数字智慧、文旅康养等多个新兴产业。坚持价值投资理念，抢抓基础设施投建营一体化发展重大机遇，把握好投资驱动力与负债耐受力的动态平衡，优化投资结构、提升投资价值。活用"做实资产、做优资本"理念，不断丰富运营业态、提升运营质量、培育中交运营品牌，打造特色鲜明、行业领先的全球一流投资运营商。

**城市发展商补齐短板。**城市业务是转型的重心所在。围绕"以人为本"的新型城镇化战略，将"建设城市、运营城市、发展城市"理念融为一体，抓住人文城市、宜居城市、韧性城市、绿色城市、智能城市建设的巨大机遇，弥补能力、资质、人才的不足，用科学的理念规划城市，用创新的商业模式建设城市，用强劲的产业支撑城市，快速形成城市更新、未来社区、产城融合的国际化范本，赋能城市发展和人居美好生活，打造产业链协同联动、多业态融通发展的全国一流城市发展商。

装备制造商跃上跳板。装备制造是竞争的核心基础。以产业链升级为导向，抢抓制造强国、质量强国建设重大机遇，向着高端化、智能化、绿色化迭代升级，推动港口机械和疏浚行业的综合开发和自主控制，发展服务型生产新模式，加快从单位产品生产向综合服务交付转变，用以装备为先导、服务为支撑、科技为底色的一体化综合解决方案，建设世界一流的交通装备制造商。

生态治理商建成样板。生态治理是未来的"高成长赛道"。持续完善节能环保管理，夯实节能环保主体责任，不断加大监管力度，推进能源节约与生态环境保护三年行动，按照国家制定的2030年碳达峰、2060年碳中和目标全面推动节能降碳工作，扎实开展节能环保合规性整治，将"绿水青山就是金山银山"的理念融入日常工作的方方面面。

打造"三核五商"新中交，是中交集团未来一段时期的重要战略部署，也是中交集团立足新发展阶段、贯彻新发展理念、融入新发展格局的重大抉择。中交集团将以核为核、在商言商，聚焦主责主业，强化市场化思维，加快形成基于商业逻辑、商业思维、商业运作的经营机制，努力走出一条质量更高、布局更好、结构更优、后劲更足、优势充分释放的发展新路子。

中交集团：愿景驱动型社会责任管理

# 第二节 贡献经济社会可持续发展

作为国资央企、大国重器，中交集团始终心怀"国之大者"，持续实施社会责任制度体系建设和全球履责实践，为提升企业价值提供了生动注脚，为建设世界一流企业赋予了丰富内涵。面向未来，中交集团将重点打造"三核五商"新中交，并且在ESG深入实践、助力全面乡村振兴、责任品牌打造等方面力争成为央企践行新发展理念的典范、履行社会责任的典范，以及全球知名品牌形象的典范。

## 一、加强ESG体系建设，深入开展ESG实践

中交集团围绕国家"十四五"规划发展理念，准确把握新时期ESG工作面临的新形势、新任务和新要求，持续健全完善公司ESG管理，保障环境、社会及管治相关工作扎实推进。中交集团将以公司发展战略为导向，不断拓展环境、社会及管治的内涵与外延，将ESG理念深度融入日常经营发展；由董事会负责ESG管治事项审议、决策与监督，并定期对ESG工作开展情况进行审查；持续完善社会责任管理办法，夯实ESG管理的制度基础；设立以主要领导任主任、分管领导任副主任、各部门负责人任委员的社会责任管理工作委员会，以各级深度参与、横向协调、纵向联动的社会责任管理组织体系保证ESG工作的可持续开展。

管治责任方面，中交集团勇担深化改革责任，全力推进治理开新局。坚决扛起"三个试点"先行示范的政治责任，积极对标世界一流管理经验，提升国际化、精细化和专业化管理水平。同时，把可持续发展理念持续融入治理，完善ESG管治机制，全面实现治理体系和治理能力现代化。

环境责任方面，中交集团勇担生态文明责任，全力推进低碳出新绩。坚定绿色发展理念，聚焦"双碳"目标，深度融入"美丽中国"建设，围绕绿色低碳行动方案，以"江河湖海"业务为重点，谋划布局绿色产业，深耕水系治理、流域治理、污水处理等重点领域，积极推动绿色基础设施建设，强化节能减排和清洁能源开发利用，加快推进实现绿色低碳转型。

社会责任方面，中交集团勇担美好社会责任，全力推进服务建新功。坚持以人为本，关心关爱员工成长；加强安全管理标准化建设，保障安全生产；热心公益慈善，努力打造"中交助梦"责任品牌，投身和谐社区建设，促进带动就业，助力乡村振兴，倾情回馈社会，助力实现共同富裕。

## 二、巩固拓展脱贫成果，推进全面乡村振兴

中交集团认真落实党中央、国务院决策部署和国务院国资委工作要求，接续落实"四个不摘""四大衔接""三个确保"，扎牢"351"定点帮扶工作体系，以助力全面乡村振兴为目标，以"短期帮扶就业、中期帮扶产业、长期帮扶教育"为总体安排，以体系化、专业化、综合化运作为手段，扎实开展定点帮扶工作，以良好的帮扶成效彰显中交集团受人尊敬的科技型、管理型、质量型世界一流企业形象。

坚持高目标导向。中交集团按照乡村振兴"产业兴旺、生态宜居、乡风文明、治理有效、生活富裕"总要求，发挥自身优势，实施"中交助梦"系列行动，助力巩固拓展脱贫攻坚成果，提高乡村振兴成效，并在中央单位定点帮扶成效考核评价中继续保持处在央企前列。

坚持全系统谋划。中交集团继续发扬优势、补足短板，围绕补齐"两不愁三保障"，推进全面乡村振兴建设。重点聚焦教育提升、促进就业、产业振兴、医疗保障、美丽乡村打造、基础设施建设、组织建

设、消费帮扶等项目,充分展现了中交集团履行社会责任的央企担当,为当地百姓带来实实在在的获得感。

坚持帮扶基本原则。中交集团落实"四个不摘"要求,确保"十四五"的帮扶力度原则上不低于"十三五"。坚持"中央要求、地方所需、中交所能"原则,实施对定点帮扶市县易地搬迁的后续扶持,并在补足教育短板弱项、就近就地就业、发展特色产业、乡村建设和乡村治理等方面进行持续帮扶,助力当地守住不发生规模性返贫这条底线。坚持"帮就是帮、扶就是扶"的原则,对无偿帮扶项目、市场化投资项目予以严格区分。坚持可持续、可示范、可传播原则,高度关注既往投入的项目,确保作用发挥的持续性;对照乡村振兴工作要求,集中资源重点打造乡村振兴示范点,做好推广传播,提升中交帮扶形象。

## 三、加强推广传播,打造"中交助梦"全球责任品牌

中交集团始终心怀"国之大者",勇担国之重任,以规范的全球履责行动,擦亮"中交助梦"责任品牌,努力为全面建设社会主义现代化国家、实现民族复兴伟业提供中交智慧,为共建共筑人类命运共同体贡献中交力量。

中交集团加强"中交助梦"责任品牌传播,规划设计并宣贯推广"中交助梦"品牌视觉标识,实施"中交助梦"案例征集、评选表彰活动及"中交助梦"行动评估,培育打造影响力强的社会责任品牌,不断提升品牌影响力和美誉度。

对历史最好的致敬是书写新的历史,对未来最好的把握就是开创更加美好的未来。踏上实现第二个百年奋斗目标的赶考之路,必须完整、准确、全面贯彻新发展理念,加快构建新发展格局,推动高质量发展。履行社会责任是企业高质量可持续发展的应有之义。中交集团将始终团结一心、锐意进取,勇立时代潮头,全面落实"123456"总体发展思

路，扎实开展社会责任实践，当好贯彻新发展理念、融入新发展格局的排头兵、先行者，为建设具有全球竞争力的科技型、管理型、质量型世界一流企业努力奋斗，为实现中华民族伟大复兴的中国梦及构建人类命运共同体做出新的更大的贡献！

附　录

中交集团社会责任大事记

## 2007 年

·荣获 2007 年度"中国最佳诚信企业"称号。

·被国务院国资委授予"业绩优秀企业奖""科技创新特别奖",连续两年获评国资委 A 类企业。

·荣获中国国际跨国公司研究会与联合国开发计划署、贸易和发展会议、工业发展组织、环境规划署、全球契约组织共同评选的 2007 年度"最具核心竞争力的中国企业";荣获第七届中国管理 100 年会"具价值企业"奖,成为中央企业改革发展的成功范例;名列中国企业联合会评选的"中国企业 500 强"第 27 位。

·荣登美国《财富》杂志中国上市公司百强榜前 10 名、ENR 全球最大国际承包商中国企业第 1 名、全球最大国际设计公司中国企业第 1 名。

## 2008 年

·发布首份年度社会责任报告《2007 年中国交通建设股份有限公司履行企业社会责任报告》。

·被国务院扶贫开发领导小组授予"中央国家机关等单位定点扶贫工作先进单位"称号。

·连续 3 年获评国务院国资委 A 类企业,被 ENR 和《建筑时报》评为 2008 年"中国承包商和工程设计企业双 60 强"第四名,2008 中国最具竞争力港股上市公司前十强。

## 2009 年

·把企业社会责任理念融入日常的生产、经营、管理，形成了完善的管理体系。

·认真开展社会帮扶，全年共拨付扶贫、捐赠资金近 3000 万元，投入人力、物力、财力做好灾区重建工作。

·把责任文化作为一个重要的内容，建立责任文化体系，促进公司全面履行企业社会责任。

·被授予"2008 年度中国最佳诚信企业"称号。

·名列《财富》杂志"世界 500 强"第 341 位、名列中国企业"500"强第 22 位；连续 4 年获评国务院国资委业绩考核 A 类企业，2009 年列第 5 位；获得"中国最佳诚信企业""全国交通运输企业文化建设优秀单位""中央企业优秀社会责任实践奖"等荣誉称号。

## 2010 年

·跻身世界 500 强企业第 224 位；入选"福布斯全球 2000 强企业"榜单，排名第 297 位，居中国内地建筑企业首位；位居 ENR 全球最大 225 家国际承包商第 13 位，连续 4 年位居中国上榜企业第 1 名；国务院国资委经营业绩考核"5 连 A"。

·被中共中央组织部和国务院国资委党委评为"全国国有企业创建'四好'领导班子先进集体"；被国务院国资委授予"业绩优秀企业奖""科技创新特别奖"和"中央企业优秀社会责任实践奖"；入选中宣部、国务院国资委十大"国有企业典型"之一；被国家人力资源和社会保障部确定为"国家高技能人才培养示范基地"和"国家技能人才培育突出贡献奖"；被交通运输部授予"全国交通运输企业文化建设优秀单位"；被 ENR 与《建筑时报》联合推举为"最具国际拓展力的承包商"，被境内外机构推举为"中国最佳诚信企业"和"最具核心竞争力的中国企业"。

## 2011 年

- 国务院国资委经营业绩考核"6 连 A"。
- 获得"2011 中央企业优秀社会责任实践"奖。
- 认真履行企业社会责任，把喀喇昆仑公路建成中巴友谊之路。
- 所属上海振华重工践行企业社会责任，推动产品科技创新，建设环保节能港口。

## 2012 年

- 开展管理提升活动，全面推动企业社会责任管理。被国务院国资委评为"2012 年度中央企业管理提升活动优秀组织单位"；国务院国资委经营业绩考核"7 连 A"。
- 获得"2012 品牌中国华谱奖""2012 人民社会责任企业奖"、"中国儿童慈善奖——突出贡献奖""中国上市公司环境责任百佳企业"等荣誉。

## 2013 年

- 将节能减排工作列入企业负责人业绩考核，圆满完成中央企业负责人第三任期节能减排考核目标。
- 参与非洲基础设施建设，热心当地公益事业，在促进非洲经济社会发展中树立了良好的中国企业形象。
- 发布《"用心浇注您的满意，创建交通运输文化品牌"活动实施方案》，打造交通运输文化品牌。
- 加强海外文化建设，发布《境外企业文化建设实施意见》，编制

中交集团：愿景驱动型社会责任管理

《中交人在海外》文化读本。

·位列世界500强第213位；ENR全球最大国际承包商排行榜第10位，全球最大设计企业排名第12位，连续多年位居中国上榜企业第1位；国务院国资委经营业绩考核"8连A"。

## 2014年

·加强海外履责能力建设，中标肯尼亚蒙巴萨—内罗毕铁路项目、承包的埃塞俄比亚第一条现代化高速公路亚的斯—阿达玛一期正式通车、横跨多瑙河的泽蒙—博尔察大桥竣工。

·位列世界500强第187位。在国务院国资委经营业绩考核中实现"9连A"；在ENR全球最大国际承包商排行榜位列第9位，在全球最大设计企业排名中位列第11位，连续多年位居中国上榜企业第1名；再次入选年度港股100强，位居上榜建筑公司第1名。

·深化企业社会责任管理工作，加强责任管理，成立社会责任工作领导机构，积极履行环境责任。

## 2015年

·牵头研发并促进港口建设全行业达到国际领先水平，标志着我国已具备在世界任何地方建港的能力。

·位列世界500强第165位；位居ENR全球最大国际承包商第5名，连续9年居中国企业第1名；国务院国资委经营业绩考核"10连A"。

## 2016年

·发布中国企业在海外的首份项目社会责任报告《蒙内铁路项目2016年度社会责任报告》。

·作为国有企业唯一代表参加国家推进的"一带一路"建设工作

座谈会并发言，为推进"一带一路"建设建言献策。

· 获得上海证券交易所授予的 2015 年度信息披露工作 A 类评价最高等级荣誉；获由中国对外承包工程商会颁发的"美丽海外中国——'一带一路'中国企业社会责任影像志"奖项；获得由人民网颁发的"人民企业海外贡献奖"。

## 2017 年

· 连续 10 年发布社会责任报告，《中交集团 2016 年社会责任报告》荣获社科院"五星"评级，被评定为"一份卓越的企业社会责任报告"。

· 编制首份《中交集团"一带一路"社会责任报告》。

· 被国务院国资委确定为"国际化经营重点联系企业"；获得金融界上市公司价值评选"杰出公司治理实践奖；"责任企业""绿色环保""海外履责""责任报告"四项优秀案例入选《中国企业社会责任年鉴（2017）》，并获由新华网颁发的"2017 中国社会责任海外履责奖"；获由中国社会责任百人论坛颁发的"海外履责典范企业奖"。

## 2018 年

· 《中交集团 2017 年社会责任报告》由中国企业社会责任报告评级专家委员会评定为五星级。

· 《把握"三者"定位，力促民心相通》案例入选由中国社科院、国务院国资委发布的首本《中央企业海外社会责任蓝皮书》。

· 发布的首本《中交集团"一带一路"社会责任报告》入选《中国企业社会责任年鉴（2018）》"十大责任报告"，并获得由中国社会责任百人论坛颁发的"社会责任报告领袖奖"。

· 在世界 500 强排名跃居第 91 位，首次跻身百强行列，提前两年实现"十三五"目标；连续 12 年荣膺全球最大国际承包商中国企业首位，稳居世界前3名；在国务院国资委经营业绩考核中实现"13连A"，成为11家获此殊荣的央企之一。

## 2019年

·《中交集团2018年社会责任报告》荣获社科院最高"五星"评级，被评定为"一份卓越的企业社会责任报告"。

·项目案例《坚守"三者"定位，在南沙自贸区打造"海绵城市"》入选《中央企业社会责任蓝皮书（2019）》。

·埃塞俄比亚长跑接力公益项目入选《中央企业海外社会责任蓝皮书（2019）》。

·在中国社科院发布的"2019年中国企业300强社会责任发展指数"中位列综合第24名。

·连续13年位于ENR全球最大国际承包商中国企业第一名；荣获"新中国成立70周年跨国公司杰出贡献奖；入选港股100强。

## 2020年

·《中交集团2019年社会责任报告》由中国企业社会责任报告评级专家委员会评定为五星级。

·将社会责任工作纳入《"十三五"企业文化建设规划》，加强社会责任管理顶层设计，强化社会责任管理沟通，积极推进社会责任融入日常管理。

·荣获民政部最高奖项"中华慈善奖"；获得中国节能协会"节能环保专利奖""节能减排科技进步奖"和"节能减排技术发明奖"；所属中国路桥香港机场3302项目荣获"杰出环保奖"。

·连续13年位居中国对外承包工程企业第一名，连续4年在ENR全球最大国际承包商排名中保持前3强。

・2019—2020年度信息披露工作 A 类最高评级；入选"港股综合实力 100 强"。

## 2021 年

・中交集团所属中交怒江产业扶贫开发有限公司荣获"全国脱贫攻坚先进集体"。

・中交集团荣获第十一届"中华慈善奖"。

・在中央农村工作领导小组通报的 2021 年中央单位定点帮扶工作成效考核评价中，中交集团连续 4 年获得最高等次"好"的评价，位居中央企业前列。

・《中交集团 2020 年社会责任报告》首次经评级专家综合认定为"五星佳"级，是企业社会责任报告中的典范。

・参与对外承包工程企业社会责任绩效评价，获最高等级"领先型企业"称号。

・与中国社会责任百人论坛、中国国新控股有限责任公司联合主办 ESG 中国论坛 2021 夏季峰会。

・举行中交集团扶贫责任报告发布会暨"中交助梦"责任品牌启动仪式，展现中交集团扶贫成绩，启动打造"中交助梦"责任品牌。

・入选首批"中国 ESG 示范企业"，成为"中国 ESG 优秀企业 500 强"，并荣获 Wind ESG"A 级"评级，引起投资机构广泛关注。

・在党委工作部内设社会责任处，专门负责社会责任管理、定点帮扶等工作，不断健全社会责任管理制度，组织开展多层级社会责任培训，全面提升责任管理和实践水平。

・《真抓实干 不负重托 中交集团在脱贫攻坚中展现央企担当》案例在发布会上被评为"乡村振兴"优秀案例。

## 2022 年

·获国务院国资委经营业绩考核"17 连 A";《财富》世界 500 强排名上升至第 60 位;连续 16 年荣膺 ENR 全球最大国际承包商中国企业第一名,继续保持亚洲企业第一名。

·《中交集团 2021 年社会责任报告》蝉联"五星佳"评级。

·中交集团入选"央企 ESG 先锋 50"指数。

·中国交建进入福布斯中国发布的"2022 中国 ESG 50 强"榜单。

·参加全国东西部协作和中央单位定点帮扶工作推进电视电话会议并作交流发言,得到相关部委高度肯定和赞赏。

·"筑牢铁路运营安全网 畅通东非抗疫生命线——疫情背景下肯尼亚蒙内铁路安全运营实践"获评《中央企业海外社会责任蓝皮书(2021)》优秀案例。

·克罗地亚佩列沙茨大桥及连接线项目营地荣获中国对外承包工程商会颁布的 2021 年"海外工程杰出营地奖"。

·参与起草的中国企业改革与发展研究会《企业 ESG 披露指南》团体标准在北京正式发布。

·举办 2022 面向怒江建筑产业园产业帮扶签约仪式,为建筑产业园搭建直接面向市场的大平台,帮助入园企业提升市场竞争能力并不断发展壮大,助力怒江产业兴旺、农民增收。

# 参考文献

[1] 加里·胡佛. 愿景[M]. 薛源, 夏扬, 译. 北京: 中信出版社, 2003.

[2] 肖红军, 李伟阳, 许英杰. 企业社会责任评价研究: 反思、重构与实证[M]. 北京: 经济管理出版社, 2014.

[3] 殷格非, 崔生祥, 郑若娟. 企业社会责任管理基础教程[M]. 北京: 中国人民大学出版社, 2008.

[4] 殷格非. 企业社会责任管理: 解码责任竞争力[M]. 北京: 中国三峡出版社, 2018.

[5] 殷格非. 责任竞争力——解码企业可持续发展[M]. 北京: 企业管理出版社, 2014.

[6] 詹姆斯·柯林斯, 杰里·波勒斯. 基业长青[M]. 真如, 译. 北京: 中信出版社, 2002.